Grandes tesoros ocultos

Los secretos de los tesoros más legendarios de la historia

Grandes tesoros ocultos

Los secretos de los tesoros más legendarios de la historia

Javier Martínez-Pinna

nowtilus

Colección: Historia Incógnita

Título: *Grandes tesoros ocultos*
Autor: © Javier Martínez-Pinna López

Copyright de la presente edición: © 2024 Ediciones Nowtilus, S.L.
C/ Camino de los Vinateros 40 - local 90 - 28030 Madrid
www.nowtilus.com

Elaboración de textos: Santos Rodríguez

Maquetación: ExGaudia, Asociación Cultural
Diseño y realización de cubierta: ExGaudia, Asociación Cultural
Imagen de cubierta: Collage compuesto por una moneda de 5 pfennig; el Lignum Crucis del Monasterio de Liébana; detalle de un ornamento frontal en forma de cabeza de felino con tentáculos de pulpo que terminan en cabezas de pez gato. Cultura Mochica (Museo de la Nación, Lima, Peru); El Tesoro de Villena, formado por 59 objetos de oro, plata, hierro y ámbar datado alrededor del año 1000 a.C., descubierto en 1963.

ISBN impresión bajo demanda: 978-84-1305-489-6
Fecha de edición: Octubre 2024

Impreso en España
Imprime: Quares Salesforce S.L.
Depósito legal: M-18401-2024

La razón es un sol severo; ilumina pero ciega.
Romain Rolland

Para Ade, Sofía y Elena

Índice

Introducción

En 2013, el Instituto Inkari Cusco asombró al mundo al revelar la existencia de un gran mausoleo subterráneo situado en el yacimiento de Machu Picchu, uno de los más importantes del continente americano.

Su descubrimiento fue posible gracias al ingeniero francés David Crespy, un enamorado de la historia y la arqueología de los pueblos precolombinos, cuando, en uno de sus muchos viajes a este enclave repleto de misterios, creyó distinguir, en la parte central del complejo ceremonial, los restos de una muralla en donde se apreciaba la existencia de una pequeña apertura que hasta ese momento había pasado desapercibida.

No lo dudó ni un solo instante. Inmediatamente se puso en contacto con un arqueólogo llamado Thierry Jamin, también francés, conocido por su obsesión por la búsqueda de una ciudad perdida, la de Paititi, que muchos han relacionado con el mítico El Dorado. En un correo electrónico, le planteó la posibilidad de que un enorme tesoro estuviera esperando ser descubierto, y por eso Jamin viajó hasta el Perú, para ponerse al frente del Instituto Inkari y así realizar una resonancia electromagnética cuyos resultados fueros sorprendentes.

En primer lugar, se pudo determinar la existencia de una gran cámara funeraria en donde podría encontrarse oro y plata en abundancia. También se observó una estructura subterránea, con una decena de cavidades, cuya utilidad pudo ser funeraria, algunas de ellas tan pequeñas que parecían destinadas a niños. Finalmente, se pudo intuir, detrás de esta puerta de acceso, la presencia de una escalera, posiblemente forrada de oro, orientada hacia el recinto principal.

Según Jamin, las características de esta enorme sepultura, los materiales empleados, así como el largo período de tiempo utilizado para su construcción, nos sugieren la presencia de un personaje importante en el interior de la cámara. Evidentemente, no podía tratarse de un simple sacerdote, más bien parecía la morada de una *panaca real*, que por su majestuosidad bien pudo pertenecer a Pachacuti, el auténtico forjador del Imperio inca.

Desde entonces, las autoridades peruanas guardaron un cauto silencio para intentar que la noticia pasase lo más inadvertidamente posible y así tener el tiempo suficiente para desarrollar una investigación seria y rigurosa, sin la intromisión de molestos aventureros y cazatesoros que, sin duda, no tardarían en presentarse en el lugar para tratar de resolver el enigma.

Muy lejos de allí, casi en la otra parte del mundo, un equipo de arqueólogos continuaba excavando en el que se ha venido considerando el sepulcro más grande de la Europa suroriental. La tumba de Amfípolis se sitúa sobre un enorme túmulo de quinientos metros de perímetro y tiene una datación que nos lleva a los momentos finales del siglo IV a. C. Su majestuosidad es tal que la directora de las excavaciones, Katerina Peristeri, llegó a afirmar que no existía otra como esta en toda la región situada entre Grecia y los Balcanes. Según pudieron comprobar, al frente de su construcción estuvo uno de los asesores de Alejandro Magno, un arquitecto y urbanista griego llamado Dinócrates, que logró realizar una tumba diez veces superior a la del padre del conquistador macedonio, Filipo II, hallada en 1977 en Vergina.

La polémica no tardó en aparecer. Mientras los arqueólogos continuaban con sus investigaciones, comenzaron a aparecer hipótesis sobre la identidad del individuo que ocuparía este sepulcro. En un principio se pensó en el almirante Nearco, pero el tamaño y esplendor de la tumba hizo pensar que esta tuvo que estar destinada a alguien más importante, tal vez a Roxana y Alejandro IV, mujer e hijo del conquistador, aunque los últimos descubrimientos llevaron a algunos a proponer al mismo Alejandro como el propietario de esta tumba, cuya cámara funeraria no ha sido todavía descubierta.

En los últimos meses, las excavaciones han permitido descubrir un pavimento formado por una serie de trozos de mármol blanco sobre una superficie rojiza, situado en una antecámara a la que se llegó después de retirar unos grandes bloques de piedra que sellaban su entrada. Una vez dentro, lograron encontrar un orificio en la parte posterior de la habitación que parecía indicar que, al menos este espacio, había sido profanado por los ladrones de tumbas.

Los trabajos de excavación siguieron su curso, hasta que en 2014 un nuevo descubrimiento provocó una gran sorpresa entre todos aquellos que, después de tantos siglos, siguen buscando el cuerpo momificado del macedonio. Tras retirar la tierra que cubría la tercera cámara del recinto, encontraron un dintel de mármol blanco de poco más de un metro de anchura en la puerta del muro que, casi con toda probabilidad, conduciría a la cuarta cámara. Esta nueva entrada era más estrecha que las otras puertas y, además, estaba situada en la parte izquierda del muro y a un nivel inferior de las anteriores, por lo que era factible que el recorrido de la estructura funeraria pudiera empezar a descender hasta llegar a la cámara en donde, a día de hoy, podrían encontrarse los restos de uno de los personajes más trascendentales de toda nuestra historia, acompañado, eso sí, por un enorme ajuar funerario digno de su importancia.

Estos y otros misterios volvieron a poner de moda una actividad que siempre ha estado presente desde nuestra más remota antigüedad: la búsqueda de un tesoro oculto. A mí, en cambio, me transportó hacia esos lejanos días en los que, junto con mis entrañables amigos Miguel Ángel Toledo y Ramón Baña, esperábamos ansiosos el sonido de aquella estridente campana que anunciaba el final de nuestras clases. Pero ese molesto timbre no sólo nos advertía de que había llegado la hora de abandonar nuestro colegio. Para nosotros era la señal de aviso para poder sumergirnos en nuevas aventuras, mientras recorríamos el árido y pedregoso descampado que rodeaba el Colegio Sagrados Corazones de Alicante. Allí, soñábamos con lugares exóticos y con misterios ocultos, y hacíamos caso omiso de los prudentes consejos que nos recomendaban centrarnos más en nuestros estudios. Tal vez tenían razón, pero, a pesar de todo, recuerdo esos momentos con mis inolvidables compañeros como unos de los más felices de mi vida, aquellos en los que la imaginación nos hacía trascender del mundo y de unas responsabilidades que por aquel entonces aún no podíamos comprender.

Es curioso, pero ahora, visto desde una perspectiva distinta, no puedo dejar de pensar en que fue en esos mismos instantes cuando más cerca estuve de comprender la auténtica naturaleza y la esencia de un ser humano, que desde el principio se ha sentido atraído por conocer la realidad de todo lo que le rodea. Porque la comprensión de esa indescriptible dinámica que mueve nuestras vidas, también la historia, depende no sólo de un mero ejercicio de racionalismo basado en unos datos objetivos. Las sensaciones, el instinto y la imaginación son fundamentales para no perder ese fascinante afán de saber que está detrás de todo avance significativo en el inabarcable campo del conocimiento humano.

Con estas premisas me dispuse a escribir este nuevo ensayo, porque la auténtica búsqueda de un tesoro ya no debe interpretarse como un mero acto de racionalidad orientado a la consecución de una importante fortuna, sino como un impulso pasional por comprender alguno de los episodios más desconocidos de nuestro pasado. Por eso, la búsqueda de estos tesoros ha cautivado la imaginación de todo tipo de investigadores, no sólo por su valor material, sino especialmente por sus significados histórico, religioso y mágico, acompañados por el deseo inherente del investigador de llegar más lejos mediante la realización de un largo y enigmático viaje iniciático.

Todo ello unido al irrefrenable afán por hacerse con un mineral, el oro, utilizado desde tiempos inmemoriales para la elaboración de elementos ornamentales y, algo más tarde, para acuñar la más valiosa de las monedas, debido a su belleza, su textura, su escasez, pero también por ser uno de los metales más maleables que se conocen. No debe extrañarnos, por tanto, el interés de los poderosos por enterrarse con sus más queridos enseres realizados con el amarillo metal, ni que el oro haya sido un elemento de culto, adoración y poder utilizado, por otra parte, como soporte básico para algunos de los utensilios litúrgicos más importantes en todas las religiones. De esta forma, y según nos cuenta la Biblia en el libro del Éxodo, los principales objetos de poder del pueblo israelita, como el Arca de la Alianza, realizados después de la huida de Egipto, se recubrieron con este material. Algo a lo que no fueron ajenos los pueblos precolombinos, que sintieron devoción por un mineral que para ellos tenía un origen divino.

Esta fue mi intención cuando escribí este libro: tratar de estudiar de forma objetiva la posible existencia y la ubicación de algunos de los tesoros más codiciados de todos los tiempos, pero dejar, al mismo tiempo, libertad al lector para que sueñe con unos hechos históricos envueltos en el misterio y que, sin duda, no le van a dejar indiferente.

Javier Martínez-Pinna

Capítulo 1
Tesoros piratas

LOS ORÍGENES DE LA PIRATERÍA

A bordo de una pequeña nave que había logrado adquirir unos años atrás, Klaus von Winsfeld, conocido por todos con el nombre de Stoertebecker, surcaba las brumosas y gélidas aguas del mar del Norte acompañado por una banda de bellacos que habían destacado en las guerras que enfrentaron a suecos y daneses. Esta vez nada podía fallar.

Frente a ellos, un barco mercante, con sus bodegas repletas de telas de primerísima calidad, navegaba desprevenido cerca de la pequeña isla de Heligoland. El capitán, seguro de sí mismo, dio la orden de ataque y hacia él se dirigió cuando, sin saber muy bien cómo, se vio rodeado por los buques de una nueva flota, dirigida por el odiado Simón de Utrech, que los caballeros de la Orden Teutónica habían armado para terminar con este temido y sanguinario pirata.

En los últimos tiempos, Stoertebecker había logrado sembrar el terror entre todos los marineros que recorrían los puertos de las ciudades que formaban la prestigiosa Liga Hanseática, pero esta vez la suerte le iba a ser adversa.

Él y sus hombres fueron conducidos hasta la ciudad de Hamburgo, donde fueron juzgados y condenados a muerte. Cuenta la leyenda que Stoertebecker, cuando se encontró ante el verdugo, lanzó un reto al alcalde de la ciudad. Le pidió que liberase a uno de sus hombres por cada paso que diese después de ser decapitado. Con una sonrisa dibujada en su rostro, no pudo más que aceptar el desafío de este hombre, cuyo apodo hacía referencia, ni más ni menos, que al hecho de ser capaz de poder beber de un solo trago una jarra de cuatro litros de cerveza.

Para horror de la multitud, que se había congregado en la plaza para presenciar el suplicio, Klaus von Winsfeld, tras haberle sido separada la cabeza del tronco, logró ponerse en pie y entre gritos de asombro e incredulidad, pudo caminar once pasos, hasta que el alcalde, encolerizado y sin dar crédito a lo que veían sus ojos, le puso cobardemente la zancadilla y le arrojó al suelo.

Cuentan las tradiciones que, cuando su barco estaba siendo desmantelado, los obreros se dieron cuenta de que los núcleos de los mástiles estaban hechos de oro, plata y cobre. Al parecer, estos materiales fueron utilizados para la construcción de la iglesia de Santa Catalina en Hamburgo, ciudad que desde entonces rinde culto a un personaje envuelto en la leyenda y que pasó a la historia como uno de los más temidos lobos de mar de todos los tiempos.

Stoertebecker, ajusticiado en 1401, es el primer pirata cuyo nombre ha llegado hasta nosotros. El origen de la piratería es, en cambio, muy anterior.

No se sabe muy bien cómo empezó todo; aunque podemos asegurar que el instinto de apoderarse de lo ajeno es tan antiguo como el ser humano, y este dio lugar a una nueva variante desde el mismo momento en que los pueblos de la Antigüedad activaron las primeras rutas marítimas para acrecentar sus riquezas. No nos cuesta esfuerzo imaginar la tentación que tuvieron los pueblos vecinos de los fenicios cuando, en los alrededores del año 1000 a. C., veían pasar frente a sus costas unas poderosas naves cargadas de mercancías que ponían rumbo al lejano occidente.

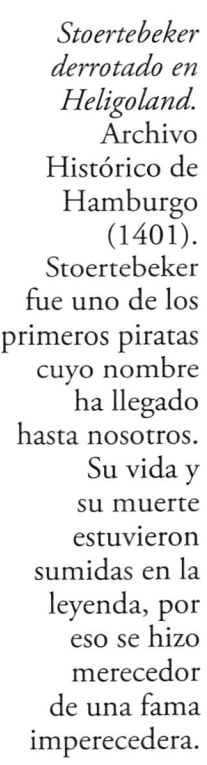

Stoertebeker derrotado en Heligoland. Archivo Histórico de Hamburgo (1401). Stoertebeker fue uno de los primeros piratas cuyo nombre ha llegado hasta nosotros. Su vida y su muerte estuvieron sumidas en la leyenda, por eso se hizo merecedor de una fama imperecedera.

Fueron los pueblos egeos, especialmente los cretenses, los primeros que desarrollaron este nuevo tipo de delito que, sin temor a equivocarnos, podemos calificar de *piratería*. Sus barcos, tripulados por arqueros y honderos, y tal vez animados por el hambre y la carestía, comenzaron a acechar a los comerciantes y marineros fenicios que vieron, indefensos, como sus naves eran abordadas y asaltadas. Unos cuantos siglos más tarde, el rey del Ponto, Mitrídates VI, también llamado Eupator Dionysius, hizo de la piratería una cuestión de estado, y no

LESBIA PYRATAM MITYLENE PROTVLIT, ATQVE
INGEMVIT SCEPTRIS AFRICA PRESSA TVIS.

HORVCCIVS BARBAROSSA.

DIGNVS ERAS MAVRI CAPERETQVEM REGIA IVBAE
TVRPE TAMEN LAESA HANC OBTINVISSE FIDE.

Retrato de Aruch Barbarroja. Con Aruch Barbarroja observamos la aparición de una nueva figura, la del corsario, que a diferencia del pirata actúa amparado por un contrato que ha firmado con la nación para la que navega y que le obliga a actuar, únicamente, contra los intereses de los estados rivales. El ámbito de actuación de Barbarroja fue el área mediterránea y sus principales presas, los barcos cristianos, que sufrieron la persecución de este terrible pirata que actuó movido por su fanatismo religioso.

dudó en utilizarla como un nuevo instrumento en su política expansiva por el Mediterráneo Oriental. Sus naves pusieron en jaque las embarcaciones escitas y romanas, y obligaron a estos últimos a invertir una enorme cantidad de recursos para erradicar un mal que amenazaba la seguridad de las principales rutas marítimas.

Ya en tiempos medievales, los vikingos, un nuevo pueblo de navegantes y guerreros nórdicos, se hicieron con el poder de los mares escandinavos. Sus barcos, con dos velas y fondo plano, resultaron idóneos para la realización de incursiones a lo largo de las costas europeas, que observaban apesadumbradas como sus ciudades, aldeas y monasterios eran arrasados ferozmente por unos monstruos en busca de botín.

Casi al mismo tiempo, en el mar Mediterráneo, los musulmanes llevaron a cabo un nuevo tipo de piratería en la que la religión se convirtió en un valor añadido. Los sarracenos comenzaron a atacar naves cristianas, dando un toque de guerra santa a unas acciones que no eran más que nuevos actos de pillaje y exterminio. En este contexto apareció una nueva figura, el corsario, que, a diferencia del pirata, actuaba amparado en virtud de un contrato estipulado con la nación para la que navegaba.

Algunos de sus nombres han llegado hasta nosotros. Uno de ellos, Aruch Barbarroja, se convirtió en el azote de la cristiandad al acosar desde una temprana edad todas las naves cristianas que se cruzaban en su camino. Los intereses de los Estados Pontificios y de los recientemente unificados reinos de Castilla y Aragón se vieron seriamente perjudicados, por lo que la monarquía hispánica de los Reyes Católicos inició una política expansiva en el norte de África para frenar las acometidas del espantoso corsario turco. En 1518, los españoles consiguieron finalmente arrinconar a Barbarroja, que, al verse superado en la ciudad de Tremecén, optó por retirarse, no sin antes ocultar un importante tesoro para, así, aligerar su huida. A pesar de luchar ferozmente, Aruch fue herido por la pica de un infante español, momento que aprovechó el adelantado García de Tineo para cortarle la cabeza de un solo tajo.

Pero la pesadilla aún no había llegado a su fin. Su hermano, Jeredín, continuó la lucha dispuesto a estremecer, sólo con su presencia, a aquellos con los que se encontraba. De su crueldad fue testigo el capitán Martín de Vargas, valeroso defensor del peñón de Argel, que fue apaleado y descuartizado por Jeredín cuando, tras una valerosa lucha, no tuvo más remedio que rendir la plaza. Pero la época dorada de los corsarios musulmanes en el Mediterráneo tenía los días contados. La fortaleza de los ejércitos hispánicos y el poder de su Armada hicieron que el centro de gravedad de la piratería se desplazase hacia un nuevo escenario: el mar Caribe, lugar en donde se desarrollará la edad dorada de esta infame actividad que, sin saber cómo, ha sido considerada, durante mucho tiempo, un acto de rebeldía e insumisión protagonizado por unos seres románticos, y ávidos de aventuras, en su lucha contra unos estados opresores a los que se debía combatir. La realidad fue bien distinta.

PIRATAS DEL CARIBE.
LOS PRIMEROS TESOROS OCULTOS

Las luchas que protagonizaron las principales potencias europeas por el control del mar y de sus rutas comerciales se trasladaron al que por entonces empezó a conocerse como el *mar Español*. Entre los puertos caribeños y los de la península ibérica, se organizó un lucrativo comercio transatlántico que se caracterizó por la llegada de ingentes cantidades de oro y plata, que convirtieron a la monarquía española en la más poderosa del orbe. El atractivo del Nuevo Mundo atrajo, de esta forma, a todo tipo de navegantes y exploradores que poco a poco fueron agrandando las dimensiones del Imperio español en el territorio americano. También provocó la fascinación de muchos individuos que llegaron al Caribe con la idea de enriquecerse ilícitamente asaltando los navíos repletos de riquezas que surcaban el océano en dirección a Europa.

Poco a poco, una vez aseguradas sus posiciones en las islas, los españoles empezaron a centrar su atención en la colonización

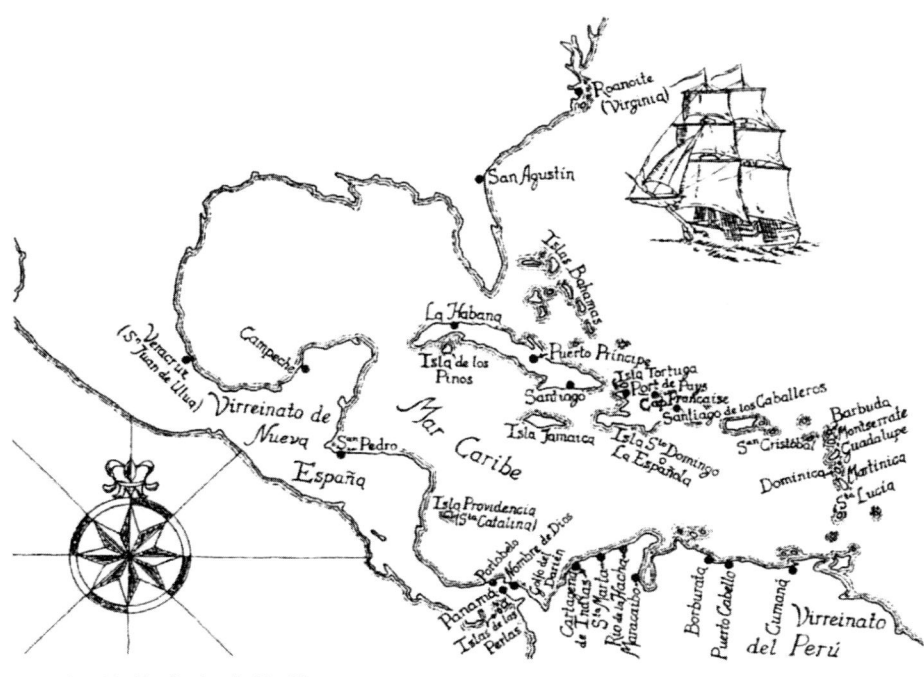

Principales ciudades del Caribe en los siglos XVI y XVII.

Mapa del Caribe. El mar Caribe fue el escenario donde los más insidiosos y sanguinarios piratas pusieron en jaque los intereses de los pueblos y barcos españoles, que durante siglos tuvieron que luchar por mantener la paz en sus posesiones americanas y evitar la rapacidad de unos personajes que, en muchas ocasiones, actuaban amparados por los enemigos de la monarquía hispánica.

de las tierras continentales. Pero la falta de presión demográfica hizo que muchas de las pequeñas islas antillanas quedasen abandonadas, lo que despertó la avaricia de otras naciones europeas que observaban con envidia los beneficios que la empresa americana estaba deparando a la monarquía hispánica. Otras islas, aún más pequeñas, entre ellas la de Tortuga o la de Providencia, se terminaron convirtiendo en auténticas bases de operaciones para unos hombres que empezaron a hostigar las costas y unos barcos españoles que, durante siglos, tuvieron que luchar denodadamente por mantener las rutas comerciales abiertas en un espacio geográfico tan asombrosamente grande como el que se abría ante sus ojos.

En este contexto, la creencia en la existencia de fabulosos tesoros comenzó a fraguarse desde bien pronto. Las primeras acciones documentadas contra los intereses españoles en aguas atlánticas tuvieron un acento francés. En 1523, un tal Jean Fleury –o Juan Florín, como quisieron llamarle los castellanos– navegaba cerca de las islas Azores cuando, de repente, se encontró con tres carabelas españolas que se acercaban a su destino tras una larga travesía. Fleury logró capturar dos de los barcos después de intimidarlos con su poderosa artillería. Cuando penetró en su interior para reclamar el botín, el pirata observó maravillado el espectáculo que se abría ante sus ojos. Nada más y nada menos que tres cajas llenas de lingotes de oro, sacos llenos de polvo dorado, además de perlas, esmeraldas y topacios, que Hernán Cortés enviaba a su emperador Carlos I tras la conquista de la capital azteca y la muerte de su rey Moctezuma.

A Fleury le siguieron otros muchos que trataron de emular los logros del navegante francés, cuya vida llegó a su fin después de que seis galeones vascos interceptasen la armada del corsario galo y le diesen caza. En sus últimas horas reconoció haber amasado una enorme fortuna, un inmenso botín del que no pudo disfrutar, ya que terminó siendo ahorcado por haber atacado más de ciento cincuenta embarcaciones españolas. Su cuerpo quedó expuesto durante largo tiempo, como una advertencia para todos aquellos que tuviesen en mente atacar los barcos del emperador.

El escarmiento que se le dio al corsario francés no tuvo el efecto deseado. A este le siguieron otros muchos como su compatriota François Le Clerc o John Hawkins, aunque ninguno alcanzó la fama que en su día adquirió Francis Drake, con el que se inicia una nueva etapa en la que una serie de infames corsarios y filibusteros, pagados por la siniestra reina inglesa Isabel I, trataron de debilitar el incontestable poder que los españoles estaban adquiriendo en el hemisferio occidental. Personajes como Drake, Walter Raleigh o el desalmado Henry Morgan regaron con la sangre de hombres, mujeres y niños los campos y villas de la América hispana; todos ellos al servicio de una reina que, en más de una ocasión, se abrió de piernas maravillada por los servicios que le brindaban algunos de tan infames monstruos.

A *sir* Francis Drake, convertido en caballero y con una fama que triunfó sobre el paso del tiempo en el Reino de Inglaterra, no le temblaba el pulso a la hora de ahorcar a cualquier individuo sospechoso de esconder un botín. Tras el saqueo y la destrucción de la ciudad de Santo Domingo, él mismo eligió a unos frailes a los que atormentó y colgó por no revelar el escondite de unas pocas monedas pertenecientes a su orden. Más tarde, después de hacerse con un botín de ciento diez mil ducados, redujo a cenizas la bella ciudad de Cartagena de Indias, y todo ello en un momento en el que las dos naciones, España e Inglaterra, se encontraban en paz.

El sadismo de los corsarios y filibusteros alcanzó cotas más altas gracias a Jean David Nau, más conocido como el Olonés, que abandonó su carrera militar en la Armada francesa para dedicarse a la piratería; en este caso, bajo el patrocinio del gobernador de La Tortuga, La Place, que le arrendó una nave para luchar contra los españoles. Una de las primeras acciones que protagonizó, y que sirvió como preludio de una macabra carrera, fue el asalto a una fragata española tripulada por noventa hombres, a los que personalmente decapitó, uno a uno, sin sentir el más mínimo remordimiento. Más tarde le tocó el turno a la ciudad de Maracaibo, donde el pirata consiguió un importante botín compuesto por bandejas, candelabros y cubiertos de oro y plata. A los defensores de la ciudad los hizo rebanar con su alfanje; y, tras la conquista de la población, el resto de los hombres fueron encerrados en la iglesia hasta que murieron de hambre, mientras que las mujeres, niñas incluidas, terminaron sufriendo la lujuria de unos asaltantes que, primero, las violaron y, después, las hicieron cautivas para venderlas como esclavas y abastecer los repulsivos burdeles repletos de marinos y corsarios ingleses.

Puerto Cabello fue el siguiente enclave que tuvo que soportar las asechanzas del despreciable francés. Después de capturar un barco y, cómo no, masacrar a todos sus tripulantes, decidió dirigirse tierra adentro, hacia San Pedro, en busca de un botín con el que poder saciar la sed de riquezas de sus esbirros. La senda que debieron de seguir era casi impenetrable. La exuberante vegetación que los rodeaba hacía prácticamente imposible encontrar el camino que los llevase a su destino, pero la suerte les sonrió cuando, a mitad del trayecto, encontraron a un pequeño grupo de españoles que tuvieron la desgracia de toparse, cara a cara, con el bucanero galo. Según cuentas las tradiciones, el Olonés agarró a uno de los pobres españoles y con su espada le abrió el pecho, para extraerle el corazón y morderlo, mientras advertía al resto que les haría lo mismo si no le mostraban el camino hasta San Pedro.

Cuando alcanzó la población, sus habitantes ya habían puesto pies en polvorosa, no sin antes haber escondido sus pertenencias en los lugares más insospechados. Tras quince días sin poder encontrar su esperado tesoro, los asaltantes decidieron abandonar la villa dejando tras de sí un rastro de destrucción, tortura y muerte. Pero, por fortuna, el final del malvado corsario estaba cerca. En su última expedición en busca del oro de Nicaragua, el Olonés fue abandonado por sus hombres en lo más recóndito de la selva. Allí sobrevivió algunos días alimentándose de sabandijas, mientras aullaba desesperado suplicando una ayuda que nunca llegó. Un día, creyó que sus ruegos habían sido oídos y que un grupo de indios había acudido para rescatarle. Estaba equivocado. Con lo que se encontró fue con una de las tribus más salvajes de la zona del Darien, que nada más verlo lo descuartizaron y echaron sus restos al fuego para utilizarlos en su próximo banquete. Su cabeza quedó reducida al tamaño de una naranja siguiendo el antiguo ritual de los indios jíbaros.

En torno a la vida de este inmisericorde y desalmado pirata, tenemos las primeras evidencias de lo que posteriormente muchos escritores, aventureros y bohemios consideraron tesoros piratas. No cuesta trabajo suponer que muchos de los individuos de la pequeña localidad de San Pedro de Puerto Cabellos —hoy conocida como San Pedro de Sula, y fundada en 1536 por Pedro de Alvarado— tuvieran que esconder sus más preciadas riquezas antes de que cayesen en manos de los hombres del Olonés. Ante la inminencia de su llegada, y para aligerar la carga, se

FRANCOIS LOLONOIS.
gebooren in Olonne in Vranckrijck
Generaal van de Franse Roovers in Tortuga

Retrato de El Olonés. Este fue uno de los piratas más macabros de entre todos los que se conocieron en tierras caribeñas. Su final no pudo ser más apropiado, ya que murió descuartizado después de ser capturado por una de las tribus más violentas del Darién.

deshicieron de sus pequeños tesoros y los dejaron ocultos en algunos de los lugares más recónditos que pudieron encontrar. Es lógico pensar que, por causas del destino, muchos de estos individuos no pudieron regresar para recuperar lo que fue suyo, por lo que sus pertenencias quedaron ocultas y olvidadas por el paso del tiempo. Algunos de estos tesoros se encontraron; otros, no. Pero lo más llamativo es que en torno a esta región se generó una tradición popular que podría ser un fiel reflejo de lo que en su día pudo acontecer. No nos cabe duda de que los alrededores de esta ciudad están plagados de escondites que acogen innumerables riquezas. Muy cerca, en la isla de Utila, hay una pequeña colina llamada Pumpkin Hill, perforada por múltiples cuevas, entre las que destacan la de Brandon Hill, en donde se dice que hay escondido un imponente tesoro pirata.

No dejó de sorprenderme lo arraigado que estaban estas creencias entre las humildes gentes hondureñas. Más hacia el interior, a mitad de camino entre la ciudad de San Pedro de Sula y la capital, Tegucigalpa, hay un poblado llamado Taulabé. Uno de los atractivos más conocidos del lugar es un conjunto de veinticuatro cuevas en el que sobresale una, con una profundidad que se estima en once kilómetros, y que estuvo habitada desde tiempos prehispánicos. Según los estudiosos, la cueva, cuyo interior es húmedo y pegajoso, debió de tener una función habitacional, además de representar una puerta o entrada al inframundo, lugar en donde moraban los muertos, monstruos y dioses subterráneos. Los lugareños cuentan que en 1972 un pirata aéreo, llamado William Hanneman, asaltó un banco en Estados Unidos y se hizo con una fortuna valorada en doscientos cincuenta mil dólares. Ejecutando un plan que tenía proyectado de antemano, su siguiente paso fue secuestrar una avioneta con la que voló hasta La Ceiba, y allí le entregó el dinero a un amigo suyo para que lo escondiese en la cueva de Taulabé. No tuvo en cuenta lo que narraban las antiguas tradiciones piratas: los tesoros no se repartían, una vez en poder de un pirata, la única obsesión era terminar con sus compinches; y eso es lo que hizo su *amigo* cuando tuvo el dinero en sus manos. No pudo evitar la tentación de delatar a Hanneman, estimulado, además, por la alta recompensa que ofrecían por su cabeza, y, así, cuando tuvo el camino libre escondió su preciado trofeo. Pero el dinero nunca apareció, y son muchos los que anualmente llegan a este lugar con la esperanza de encontrar un botín inigualable.

Algunos aseguran que «Quien tiene un amigo tiene un tesoro», un antiguo refrán que no tuvo que hacerle mucha gracia al pobre Hanneman mientras se consumía en una insalubre y atestada cárcel sin su tesoro, y sin amigos.

Otro de los piratas que dejaron tras de sí un reguero de sangre y destrucción fue el inglés Henry Morgan, cuya sola mención hizo temblar las bases del poderío hispánico en tierras caribeñas. Con el beneplácito del Gobierno inglés, volvieron a planificarse nuevas operaciones con la intención de debilitar a la monarquía española para, de esta manera, ampliar las posesiones británicas en las Antillas.

Uno de los primeros objetivos fue La Habana, aunque los informes que recibió Morgan sobre sus defensas le hicieron reconsiderar la situación y elegir una presa más fácil y desguarnecida. Se decidió, entonces, por atacar Puerto del Príncipe, que se rindió después de que sus hombres recibiesen un sádico tormento y de que sus mujeres fuesen capturadas para nutrir, nuevamente, los prostíbulos ingleses de Port Royal. La jugada había sido maestra para los intereses de Inglaterra. El botín de cincuenta mil pesos en monedas y alhajas animó al corsario a proyectar un nuevo golpe. Y esta vez le tocó el turno a la ciudad de Portobelo, donde un fuerte se mostró dispuesto a resistir hasta sus últimas consecuencias. La crueldad del inglés se mostró de nuevo cuando Morgan ideó un plan para conquistar la plaza española. Hizo montar a toda prisa unas altas escaleras que apoyó sobre los muros de la fortaleza, y sobre ellas obligó a subir a monjes y religiosas; hay quien dice que también a niños y niñas, para que sirviesen de escudo de los disparos de los defensores. Los españoles no pudieron participar y superar los efectos de esta innoble maniobra, por lo que la ciudad de Portobelo cayó al poco tiempo. Al cruel exterminio de su población le siguió la captura de un nuevo botín, lo que aumentó la fama del filibustero en la *city* londinense.

Retrato de Henry Morgan. En 1674, el rey Carlos II de Inglaterra lo nombró caballero. Entre sus méritos más destacables estaban el asesinato, la violación, la tortura y el sadismo, por eso le ofreció el cargo de teniente gobernador de Jamaica, lugar donde pasó los últimos años de su vida persiguiendo a sus antiguos compañeros y amigos piratas.

Posteriormente dirigió sus pasos hacia la ciudad de Maracaibo, pero sus habitantes, felizmente prevenidos, se dieron a la fuga. Desgraciadamente, unos pocos quedaron rezagados en su huida, especialmente los impedidos y los ancianos, que fueron capturados por Morgan y sometidos a tormento para que revelasen la situación de unos tesoros que habían quedado ocultos. Para arrancar la confesión aplicó torniquetes apretados bestialmente sobre el cráneo hasta hacer saltar los ojos de los infelices desgraciados, cuya última visión fue la del maldito pirata inglés. Pocos días más tarde, en la vecina localidad de Gibraltar, hizo colgar a los hombres por los testículos hasta que sus cuerpos se desprendían por traumática castración, para posteriormente rematarlos a lanzazos. Pero, en esta ciudad venezolana, Morgan no consiguió su objetivo, ya que de nuevo sus principales tesoros fueron escondidos lejos de la vista de los piratas. Además, la aparición de tres barcos españoles provocó la huida de Morgan, que navegó a toda vela hasta la colonia inglesa de Port Royal. En los planes del inglés no entraba la posibilidad de luchar contra un contingente armado.

Su última incursión, en la ciudad de Panamá, se saldó con un nuevo fracaso, ya que la resistencia de la guarnición española la dio el tiempo necesario para que buena parte de su población y riquezas pudiesen ser evacuadas. Otros muchos decidieron escapar hacia la sabana y llevar consigo todo de cuanto valor poseían. Pero la ciudad de Panamá fue arrasada por el fuego; esta acción sirvió como epílogo de una historia marcada por la crueldad y el sadismo de una política, la inglesa, que tenía como objetivo debilitar la moral y la fortaleza de las posesiones españolas en el Caribe.

La auténtica leyenda sobre la existencia de un espectacular tesoro pirata se forjó unos años más tarde, durante la vida de otro corsario británico: el capitán Kidd. Es poco lo que sabemos sobre su juventud. Al parecer, nació en 1645 en Greenock, Escocia, y desde bien pronto orientó su vida hacia el mar. Las primeras noticias nos lo presentan mandando un barco corsario en el Caribe, aunque poco después decidió ingresar en la Royal Navy y capitanear un pequeño bergantín de veinte cañones con el que se batió valerosamente contra cinco barcos franceses, lo que le valió el mando de un buque de mayor calado, el *Antigua*.

Pasaron los años, y en 1691 llegó a la ciudad de Nueva York para sentar cabeza. Allí se casó con una viuda rica y cultivó la amistad de importantes políticos y grandes comerciantes; pero, en 1695, hastiado de una vida que tuvo que considerar insulsa, partió hacia Inglaterra para buscar patrocinadores e iniciar una nueva aventura en el mar. Allí consiguió el apoyo de un empresario llamado Livingston y de un famoso dirigente político del Partido Whig, lord Bellmont, con quien formó una sociedad después de adquirir un importante buque para trasladarlo al Índico y, así, luchar contra los piratas que perjudicaban los intereses de los comerciantes neoyorquinos. Por otra parte, como Inglaterra y Francia se encontraban en guerra, no les fue difícil conseguir una patente de corso para apresar los navíos franceses que se cruzasen en su camino.

El ánimo cundió entre los londinenses, que se abrazaron incondicionalmente al sueño de Kidd, mientras arengaba este a todos los hombres de mar con su famoso grito pirata «No hay botín, no hay paga». El barco elegido fue el *Adventure Galley,* de treinta y cuatro cañones, con el que partió en 1696 con destino a Madagascar. Pero los problemas no tardaron en aparecer, ya que el estado de la tripulación se empezó a deteriorar por culpa del escorbuto y la fiebre. Además, el tan ansiado botín no parecía llegar nunca. Kidd enfiló proa hacia el mar Rojo, con la vista puesta en la flota de peregrinos que viajaban hasta La Meca, pero su fracaso encendió los ánimos de unos hombres que ya se estaban planteando la posibilidad de amotinarse. Para atajar la situación, Kidd decidió asaltar el primer barco que se le puso a tiro. En este caso fue una pequeña nave que lucía una bandera británica, por lo que su acción le convirtió en pirata. Algo que más tarde le costó muy caro.

En 1698, logró atrapar, por fin, una valiosa presa, el *Quedah Merchant,* un barco mercante de cuatrocientas toneladas que transportaba sedas, cacao, opio y hierro. Llenos de gozo, sus hombres empezaron a planear el modo en el que podrían invertir su parte del botín cuando las mercancías de su presa se subastasen en el cercano puerto de Caliquilon. Pero la desesperación cundió de nuevo entre todos ellos cuando Kidd vendió un cargamento valorado en cuatrocientas mil rupias, por sólo siete mil. Cuando en abril de 1698 el capitán regresó a Madagascar nada pudo hacer para evitar que la mayor parte de sus hombres se enrolasen en el *Resolution,* del prestigioso pirata Culliford, famoso por sus exitosos asaltos en aguas del océano Índico.

Ante la imposibilidad de reparar el *Adventure Galley,* trasladó su puesto de mando al *Quedah Merchant,* al que a partir de entonces llamó *Adventure Prize.* Fue entonces cuando las cosas empezaron a torcerse definitivamente, ya que poco tiempo después llegó a su conocimiento que el Gobierno británico le había declarado pirata, por lo que comprendió que era un hombre sentenciado y perseguido. Es en estos momentos cuando nace la leyenda que más tarde inspirará a Stevenson en su célebre *La isla del Tesoro.*

Ante lo delicado de su situación, decidió abandonar el Índico e iniciar una larga huida hasta la isla caribeña de St. Thomas, en donde pidió ayuda al gobernador Laurents, y cobijo para él y sus hombres. Pero este, temiendo un bloqueo de la Royal Navy, se los negó. La carta que transmitió el gobernador a Londres es clave para entender cuál pudo ser la naturaleza del tesoro que, unos días después, el capitán Kidd tuvo que ocultar para que no cayese en manos de sus perseguidores. «Noticias procedentes de Curaçao reportan que el famoso pirata, capitán Kidd, en posesión de una nave de 30 cañones y con 250 hombres de dotación, ha ofrecido al gobernador de St. Thomas 45.000 piezas de ocho en oro y un gran presente consistente en valiosas mercaderías si le brinda refugio en su puerto durante un mes. El gobernador ha rehusado».

Ante la imposibilidad de amarrar en el puerto, puso rumbo a la Hispaniola, en donde se deshizo de su barco para adquirir una pequeña nave, el *San Antonio,* en la que reunió al resto de su menguada tripulación. La huida se hizo dramática, más aún cuando fue consciente de que el almirante Benbow había ordenado a todos los gobernadores de la región que capturasen al pirata. No sólo eso, la HMS *Queenborough* había sido desplazada a Puerto Rico para interceptarlo.

Es en estos momentos cuando el corsario toma una decisión fundamental para entender esta historia. Desde este lugar pone rumbo a las colonias norteamericanas, pero en algún lugar indeterminado de su trayecto decide enterrar su famoso tesoro. Las razones por las que lo hizo no las conocemos. Tal vez trató de guardarse una carta bajo la manga para poder negociar con ella

Kidd colgado y encadenado. Las historias sobre la existencia de tesoros piratas alcanzaron una gran celebridad gracias al capitán Kidd, cuya vida terminó trágicamente después de ser acusado de atentar contra los intereses de la monarquía inglesa.

un posible rescate. Quizá lo único que pretendía era asegurarse una feliz jubilación una vez superados los trámites jurídicos que debía afrontar como consecuencia de los actos vandálicos que había protagonizado contra los barcos de su majestad.

No podía estar más equivocado. En 1699, el capitán Kidd llegó a Boston con la intención de entrevistarse con su antiguo socio, lord Bellmont, para convencerle de su inocencia. Sin atender a razones, el político inglés lo hizo apresar y, cargado de cadenas, lo mandó detenido hacia Inglaterra. A su llegada a Londres, fue encerrado en el interior de una insalubre y diminuta celda en la prisión de Newgate, en donde compartió espacio con los delincuentes de los bajos fondos londinenses, cuya única esperanza era terminar sus días colgados de una horca en Tyburn.

Allí pasó dos años, hasta que en 1701 fue juzgado, junto con nueve de sus hombres, ante el Tribunal de lo Criminal, acusado de saqueo ilegal y homicidio. De nada le sirvieron sus intentos de probar su inocencia, ya que finalmente fue condenado a ser ahorcado por piratería. La pena se aplicó el día 23 de mayo de 1701 en el Execution Dock, a orillas del Támesis, y su cuerpo, ya sin vida, encadenado de pies y cabeza, quedó durante dos días expuesto, balanceándose a merced del viento, para escarmiento y advertencia de todos, por haber atentado contra los intereses de la poderosa oligarquía británica.

El enigma del capitán Kidd no acabó con su vida. Los rumores se empezaron a propagar por tabernas, puertos y villas marítimas de ambos hemisferios. Habladurías que hacían referencia a un tesoro oculto, valorado en más de un millón de libras esterlinas, y que empujaron a un variopinto grupo de aventureros, bohemios y cazatesoros a seguir los pasos que había recorrido el antiguo corsario y así comprender el itinerario que había seguido para enterrar su tesoro. A pesar de que excavaron afanosamente en una y otra isla, nadie pudo encontrar ni una sola pista del misterioso botín, lo que dio alas a la imaginación de una sociedad ávida de riquezas que comenzó a leer con fruición las nuevas novelas sobre piratas, entre las que destacó la famosa *Isla del Tesoro*, que alimentó con falsas esperanzas tan vanas ilusiones.

En cuanto a la localización del tesoro, muchos opinan que el lugar más probable habría que situarlo entre Long Island y la costa de Connecticut. Pero si no conocemos el lugar en el que se ocultó, menos aún sabemos sobre su contenido. Una idea nos la pueden dar las palabras que el acusado pronunció en el juicio después de que algunos de sus hombres presentaran como prueba de las actividades delictivas de su capitán diversos cofres, repletos de oro y joyas, que habían sido enterrados como parte de un tesoro mayor en algún lugar desconocido de la neoyorquina isla de Gardiners. Ante dicha demostración, y sabiendo que todo estaba perdido para él, Kidd aseguró que eso no era su tesoro, que el suyo era mucho más valioso, y que permanecería escondido por los siglos de los siglos.

En 2007, unos arqueólogos de la Universidad de Indiana encontraron los restos hundidos de un navío a veinte metros de la costa de la isla de Santa Catalina, en la República Dominicana. El equipo aseguró, a pesar de que las pruebas no eran definitivas, que se trataba del *Quedah Merchant,* en cuyo interior no quedaba nada de lo que llevaba el barco justo antes de llegar a La Española: telas, sedas, oro y plata. Por esta y más razones muchos consideran que el tesoro tuvo que ser evacuado y escondido en esta isla caribeña, a la espera del momento oportuno para darse a conocer.

Otros buscaron mucho más lejos. Según se dice, el capitán Kidd también atacó una isla japonesa en el archipiélago de las Tokara, al sur de Kagoshima. Muy cerca de allí, en la isla de Takarajima, una leyenda cuenta que los hombres de Kidd asesinaron a todos sus habitantes, para después esconder un fabuloso tesoro en una desconocida cueva. En estas mismas latitudes, y más concretamente en la isla vietnamita de Phú Quóc, las tradiciones también aseguran que existe un botín enterrado perteneciente a Kidd. Hasta este lugar se dirigieron dos temerarios escritores en 1987 para tratar de descubrir la parte de verdad que se escondía tras esos rumores. Pero su aventura no llegó muy lejos. Fueron inmediatamente detenidos por la policía vietnamita por atravesar ilegalmente la frontera.

En 2000, un buque capitaneado por el investigador Barry Clifford encontró en aguas de la isla de Santa María, cercana a Madagascar, los restos de lo que en su día fueron el *Adventure Galley.* Tras muchas inmersiones, sólo fue capaz de recuperar unas cuantas botellas de ron y restos de porcelana china de la dinastía Ming. Muchos sintieron la esperanza de encontrar una nueva pista que les pusiese en el camino para encontrar el tesoro que durante su vida amasó el carismático pirata. Pero el misterio sigue sin desvelarse.

LA ISLA DEL ROBLE

El tesoro del capitán Kidd se ha tratado de encontrar en otros muchos lugares. Uno de ellos fue la isla de Juan Fernández, que quedó inmortalizada por Daniel Defoe en su famosa obra *Robinson Crusoe,* basada en la odisea de un pirata real, Selkrik, que, abandonado a su suerte, logró sobrevivir en soledad hasta que cinco años después fue rescatado por una fragata inglesa.

Otros apuntaron mucho más hacia el norte, más concretamente a la isla de la Pasión, o de Clipperton, cerca de la costa oeste mexicana. No podría faltar en este extenso listado dos islas que han sido durante décadas lugar de peregrinación de numerosos aventureros y buscatesoros: las islas del Roble y del Coco.

A pesar de su prestigio, el capitán Kidd no fue, ni de lejos, el pirata que logró amasar el mayor tesoro. Nos atreveríamos a decir que, por el contrario, ocupó una desventajada posición en este curioso *ranking.* Sus capturas nunca se podrían comparar con las de Edward England, autor, en 1720, del atraco al *Cassandra,* un navío de la East India en aguas del Índico, y que sorprendió a todos sus captores cuando encontraron en su interior una carga de diamantes valorados entre los tres y cuatro millones de dólares. Otro botín notable fue el del pirata Avery, que en el saqueo del *Gangsway* obtuvo un premio que rondaba las trescientas mil libras esterlinas. Pero el premio gordo se lo llevaría el capitán filibustero Sam Belamy, cuyo barco, el Whydaw, se fue a pique cerca de la costa este norteamericana, con un impresionante tesoro estimado en cuatrocientos millones de dólares. En 1982, un viejo conocido, Barry Clifford, logró encontrar en Cape Cod, en el estado de Massachusetts, los restos de su barco, lo que dio lugar a una serie de inmersiones que lograron extraer una impresionante cantidad de monedas, lingotes de oro, joyas y piedras preciosas.

Por esas mismas fechas, actuó el máximo representante de la edad de oro de la piratería americana: el temido Edward Teach, más conocido por todos como Barbanegra. Llamado así por su larga y bien poblada barba, pronto adquirió fama por su carácter feroz y sanguinario. A partir de 1713, se dedicó por completo a la piratería, convirtiendo a Nassau en su principal base de

Lucha entre Barbanegra y Maynard, según Jean Leon Gerome Ferris.
La vida de Edward Teach se desarrolló durante la época más gloriosa de
la piratería. Su larga y bien poblada barba, decorada coquetamente con
lacitos de colores, causó pánico entre todos aquellos que tuvieron la poca
fortuna de cruzarse en su camino.

operaciones. Desde allí, él y sus esbirros sembraron de pánico las
costas de Nueva Inglaterra. A bordo del *Queen Ann's Revenge* logró hacer importantes capturas en el litoral de Virginia, pero su
radio de acción se fue ampliando progresivamente hacia el sur,
hasta llegar a las costas de Honduras, en donde contactó con un
curioso personaje, Stede Bonnet, un rico y acomodado comerciante de las Barbados que decidió unirse al pirata para huir del
carácter avinagrado, rencoroso y vengativo de su esposa, una opción que terminó costándole la vida. A pesar de todo, sus compinches aseguraron que Bonnet no se arrepintió, ni en un solo
instante, de su arriesgada decisión.

Las asechanzas de Barbanegra fueron recordadas durante siglos por muchos hombres de mar. Su muerte en 1718 marcó el ocaso de la piratería en las costas americanas, pero la leyenda de este espantoso filibustero se fue acrecentando más y más con el paso del tiempo. Hubo más piratas, pero ninguno tan prestigioso como este personaje que, para cuidar su imagen, mimaba con coquetería su famosa barba, rizándola y adornándola con lacitos de colores.

Pasó el tiempo y, cuando ya parecía que estas viejas historias de corsarios, piratas y bucaneros pertenecían a una época antigua, perdidas entre las brumas de la historia, aparecieron dos nuevas tradiciones que situaban en las islas del Roble y del Coco el emplazamiento de algunos de los tesoros más espectaculares de todos los tiempos.

El primero de ellos debió de ubicarse en la pequeña isla del Roble, un bello y solitario paraje situado en la costa meridional de Nueva Escocia, en la costa atlántica canadiense. Si por algo destaca este diminuto territorio, de cinco kilómetros cuadrados y situado a escasos once metros sobre el nivel del mar, es por las innumerables leyendas que, desde hace mucho tiempo, hablan sobre posibles tesoros enterrados por no se sabe muy bien quién.

Aunque no tenemos constatación histórica ni periodística del origen de esta leyenda, todos los relatos que narran la historia de este desconocido tesoro comienzan su andadura en un lejano día de verano de 1795, cuando un chico de dieciséis años llamado Daniel McGinnis llegó a la isla para dar un paseo y disfrutar de sus hermosos paisajes. Su sorpresa tuvo que ser mayúscula cuando, de repente, se vio frente a una depresión circular de tierra removida al lado de un enorme roble, cuyas ramas presentaban una serie de rozaduras de las cuales una de ellas habría sido utilizada por alguien para ajustar una polea y excavar un enorme foso en el suelo. Asombrosamente, observó que los restos podridos del aparejo de un barco colgaban del mismo roble. Allí había algo raro, y por eso decidió investigar.

Unos días más tarde, en compañía de dos amigos, John Smith y Anthony Vaughan, empezó a excavar en el túnel. No pasó mucho tiempo hasta que los tres se llevaron la primera sorpresa. Al principio, lo único que pudieron extraer fue tierra blanda y removida que cubría un pozo, hecho a conciencia, de duras paredes arcillosas. Pero a los sesenta centímetros de profundidad encontraron una capa de piedras lisas, cortadas y unidas entre sí que formaban una especie de puzle, que para colmo eran de un tipo que no podía encontrarse en la isla.

La excavación no había hecho más que empezar. Al día siguiente volvieron a aquel insólito lugar, justo cuando los primeros rayos de sol empezaban a teñir de ocre un horizonte que ya dejaba ver las primeras luces del día. Con ánimo renovado volvieron a coger sus picos y palas y siguieron cavando, insensibles al calor, al agotamiento y a la soledad. Después de varias horas, el pico de uno de los muchachos impactó en un material sólido. En ese momento, todos dejaron de excavar, y uno a uno se miraron mientras se preguntaban si habrían logrado su objetivo, si era realmente posible que hubiesen encontrado un tesoro. No podían estar más equivocados.

Lo que realmente hallaron a estos tres metros de profundidad fue una especie de plataforma formada por troncos de roble dispuestos horizontalmente. Uno a uno, fueron retirándolos, pero debajo de ellos no había nada más que tierra, mucha más tierra; por lo que decidieron seguir profundizando con la sensación de que se estaban aproximando a algo que tenía que ser muy valioso. El esfuerzo de los tres jóvenes tuvo que ser titánico, todo un logro para tres chicos que apenas contaban con los medios necesarios para trabajar en esas condiciones. Fue entonces cuando se encontraron con un nuevo estrato de troncos de roble situado a nueve metros de la superficie. Esta vez nada pudieron hacer para retirar todos esos árboles que se interponían entre ellos y su tesoro. Por eso decidieron desistir, pero sólo temporalmente. Ninguno de ellos pudo olvidar aquel enigmático lugar; y, por eso, años después, volvieron a intentarlo. Esta vez con más ayuda.

Fue ocho años después, en 1803, cuando la Oslow Company inició un largo viaje desde el corazón de Nueva Escocia para tratar de descubrir el secreto que esta pequeña península

Investigando en la isla del Roble. Según cuentan las leyendas, fueron muchas las expediciones que se realizaron en la isla del Roble para tratar de encontrar su tesoro. Todo empezó en 1795, cuando tres jóvenes encontraron un extraño orificio excavado artificialmente, donde al parecer unos lejanos piratas habían escondido un enorme botín que ellos quisieron encontrar.

escondía. Esta vez, según se dice, los descubrimientos fueron asombrosos, lo que causó que la leyenda de la isla del Roble empezase a extenderse y a cautivar la imaginación de cientos de aventureros. Guiados por McGinnis, Smith y Vaughan, cuyas supuestas memorias son fundamentales para comprender esta expedición, comenzaron a excavar con la convicción de que esta vez nada podría detenerlos. La utilización de unos medios más avanzados les permitió superar la segunda barrera de troncos y continuar profundizando en el llamado Pozo del Dinero. Lo primero que les llamó la atención fue la existencia de nuevas y repetidas barreras formadas por troncos de roble que se repetían con una extraña frecuencia, justo cada tres metros. Más aún, investigando los materiales que pesadamente tenían que retirar hasta la superficie, los investigadores realizaron un descubrimiento que, en opinión de muchos, podría explicar el origen del supuesto tesoro que a día de hoy seguiría escondido en la isla: a los doce, quince y dieciocho metros, encontraron fibra de coco, algo que, como supondrá el lector, no puede crecer en estas latitudes tan septentrionales. Hoy se sabe que el lugar más próximo donde crece el coco es en las Bermudas, a más de dos mil kilómetros de Nueva Escocia, por lo que probablemente los constructores de este pozo provinieran de algún lugar indeterminado del mar Caribe.

Pasaron los días, y el trabajo se fue haciendo más pesado y lúgubre. Y así un día, envueltos en la oscuridad, unos trabajadores encontraron, a veintisiete metros, una losa de pórfido, un material prácticamente desconocido en toda Norteamérica, con una inscripción escrita en un alfabeto desconocido. Hoy no existen fotos ni dibujos de dicha piedra, ya que desapareció en 1912, aunque fueron muchas las interpretaciones que se le dieron a esta extraña inscripción. Son pocas las dudas que tenemos en relación con este enigma. Al parecer, estos símbolos podrían traducirse como: «Doce metros más abajo, dos millones de libras esterlinas están enterradas», y esto en un momento en el que los fondos de la expedición se estaban agotando, lo que nos induce a pensar que se trataba de una ingenua falsificación destinada a animar a los patrocinadores de dicha empresa.

Con lo que no pudieron contar los miembros de la Oslow Company fue con lo que se encontraron un par de metros más abajo. A treinta metros de profundidad, sin saber muy bien cómo, llegaron a un túnel subterráneo procedente de la playa de Smith's Cove, dispuesto a modo de trampa, que al horadarlo provocó la inundación del pozo con agua marina hasta una altura de diez metros. La situación se volvió dramática para el equipo, al que nada le valió su desesperado esfuerzo por bombear el agua, por lo que, temerosos de verse atrapados, decidieron evacuar el pozo y dar por finalizada su expedición.

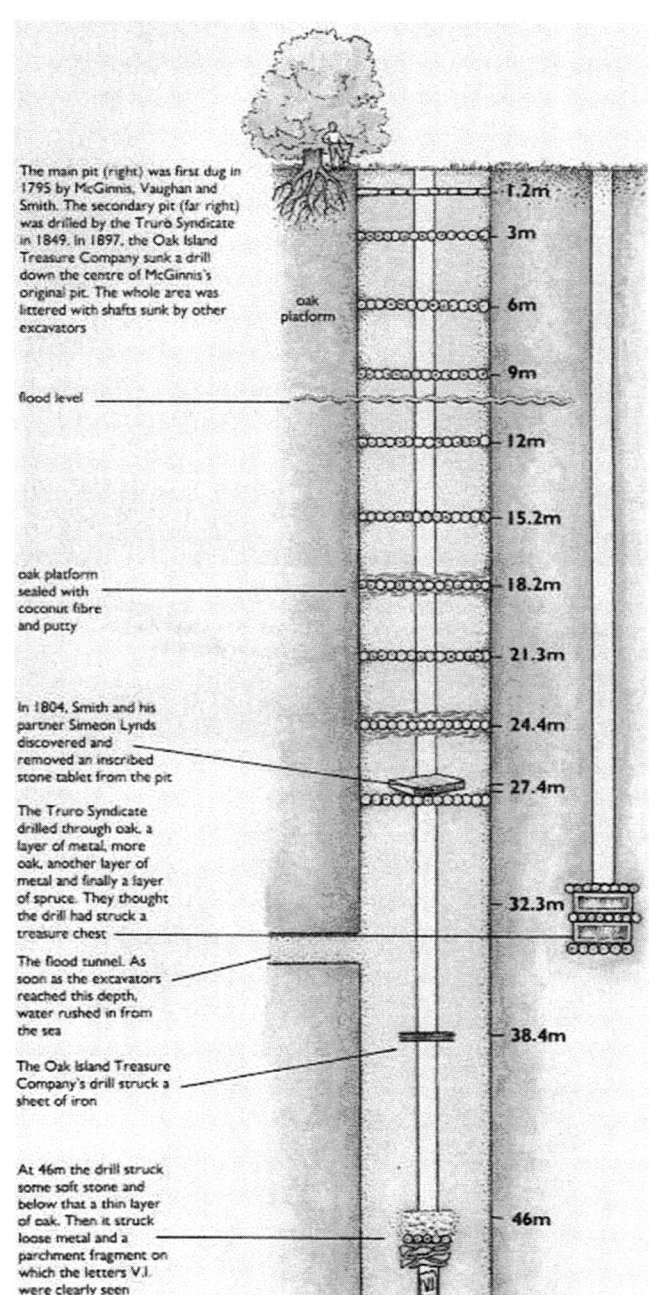

The main pit (right) was first dug in 1795 by McGinnis, Vaughan and Smith. The secondary pit (far right) was drilled by the Truro Syndicate in 1849. In 1897, the Oak Island Treasure Company sunk a drill down the centre of McGinnis's original pit. The whole area was littered with shafts sunk by other excavators

oak platform

flood level

1.2m
3m
6m
9m
12m
15.2m

oak platform sealed with coconut fibre and putty

18.2m
21.3m

In 1804, Smith and his partner Simeon Lynds discovered and removed an inscribed stone tablet from the pit

24.4m
27.4m

The Truro Syndicate drilled through oak, a layer of metal, more oak, another layer of metal and finally a layer of spruce. They thought the drill had struck a treasure chest

32.3m

The flood tunnel. As soon as the excavators reached this depth, water rushed in from the sea

38.4m

The Oak Island Treasure Company's drill struck a sheet of iron

At 46m the drill struck some soft stone and below that a thin layer of oak. Then it struck loose metal and a parchment fragment on which the letters V.I. were clearly seen

46m

El Pozo del Dinero. La excavación de este interminable pozo se prolongó durante varias generaciones. Muchas fueron las sorpresas que los excavadores fueron sacando a la superficie, aunque algunas de ellas no pueden ser consideradas más que simples falsificaciones.

45

La búsqueda del tesoro quedó abandonada durante un largo período de tiempo. Pocos se veían con las fuerzas suficientes para poder superar todos los obstáculos que los obstinados constructores del pozo habían ideado para mantener escondido su secreto. Pasaron muchos años hasta que, al fin, en 1849 se proyectó una nueva expedición que logró aumentar la profundidad de una excavación que parecía no tener fin. Es a partir de este momento cuando empezamos a tener referencias directas a la búsqueda del tesoro del Roble. Y esto ha llevado a muchos a negar toda información anterior, al considerarla una mera invención.

Uno de los descubrimientos más importantes que se produjo a partir de ese momento fue cuando una excavadora logró sacar a la superficie los eslabones de una cadena de oro y un fragmento de un extraño pergamino, cuya interpretación hizo brotar todo tipo de hipótesis sobre su autor y significado. Y, como ya empezaba a ser habitual, no se llegó a ninguna conclusión lógica. Una de las ideas más extendidas y absurdas es que fue dejado allí por Francis Bacon, quien, según muchos, fue el verdadero autor de las obras de Shakespeare.

A esta campaña le siguieron otras muchas. Y todas fracasaron. La de 1897 volvió a encontrar restos de un pergamino que contenía algunas letras prácticamente ilegibles, pero no sirvieron para arrojar algo de luz sobre una historia tan repleta de tinieblas. Ya en el siglo XX, la fama de este pequeño enclave canadiense estaba empezando a saltar fronteras para llegar a un público más amplio y ávido de aventuras. Tanto es así que, en 1928, un diario neoyorquino publicó un relato relacionado con la isla del Roble que cautivó al empresario Gilbert Hedden, quien poco a poco empezó a recopilar información sobre todas las campañas que se habían realizado en el Pozo del Dinero desde aquel lejano año de 1795. Posteriormente realizó seis viajes para investigar el yacimiento con sus propios ojos. Sospechando cuál pudo ser el origen de este intrincado rompecabezas, decidió marchar hasta Inglaterra para hablar con Tom Wilkins, autor de *El capitán Kidd y su isla Esqueleto,* ya que estaba seguro de que la isla descrita por el autor era la isla del Roble.

En 1965, un tal Robert Dunfield logró llegar hasta los cuarenta y un metros empleando una grúa pesada, cuyo transporte obligó a la construcción de un camino en el extremo oeste de la isla. Dos años más tarde, unos amigos, Daniel Blakenship y David Tobias, compraron la isla y crearon la Triton Alliance con la intención de llevar a cabo la excavación más ambiciosa de las que se habían hecho hasta el momento. En 1971 lograron profundizar hasta los setenta y dos metros con la ayuda de un pozo de cimentación de acero, y llegaron a un lecho rocoso. Posteriormente, Blakenship y Tobias introdujeron una cámara submarina que les permitió, ni más ni menos, captar una imagen en la que se podían observar dos cofres en medio de un enmarañado laberinto de túneles subterráneos. Afinando un poco más el objetivo, creyeron adivinar un cadáver e incluso algo que podría ser una mano cortada. El problema fue que el visionado del video no fue claro, debido a la suciedad del agua y a la gran cantidad de sedimentos que se amontonaban al final del pozo, por lo que no fueron capaces de probar nada y, una vez más, todo quedó en meras conjeturas.

A pesar de todo, este fue el último gran descubrimiento que se produjo en la isla del Roble. Durante los años noventa, los enfrentamientos entre los fundadores de la Triton Alliance fueron constantes, lo que impidió la continuidad de las exploraciones. David Tobias decidió desprenderse de su parte en la compañía, y a partir de entonces diversos grupos empresariales empezaron a pujar por hacerse con el control de la isla. En 2005, una parte de esta fue vendida a la Oak Island Tourism Society, pero en 2006 un grupo de accionistas de Michigan se hizo con el cincuenta por ciento de la compañía, e inició contactos con Blankenship con la intención de seguir trabajando para recuperar el misterioso tesoro de la isla del Roble.

Como no pudo ser de otra manera, no tardaron en aparecer opiniones críticas que trataron de dar una explicación racional a los distintos enigmas con los que se relacionaba esta historia. Según algunos autores, la propia configuración del terreno, formado por rocas calcáreas, favorecía la aparición de cuevas naturales, y las potentes lluvias registradas en tierras de Nueva Escocia habrían provocado el arrastramiento de los troncos y ramas de los robles que se hallaban en el interior de los pozos. El problema

Fortaleza de Luisburgo. La perfección técnica con la que fue construido el Pozo del Dinero resultó evidente para los que se atrevieron a excavar en busca del tesoro del Roble. Por eso, se planteó la posibilidad de la participación de

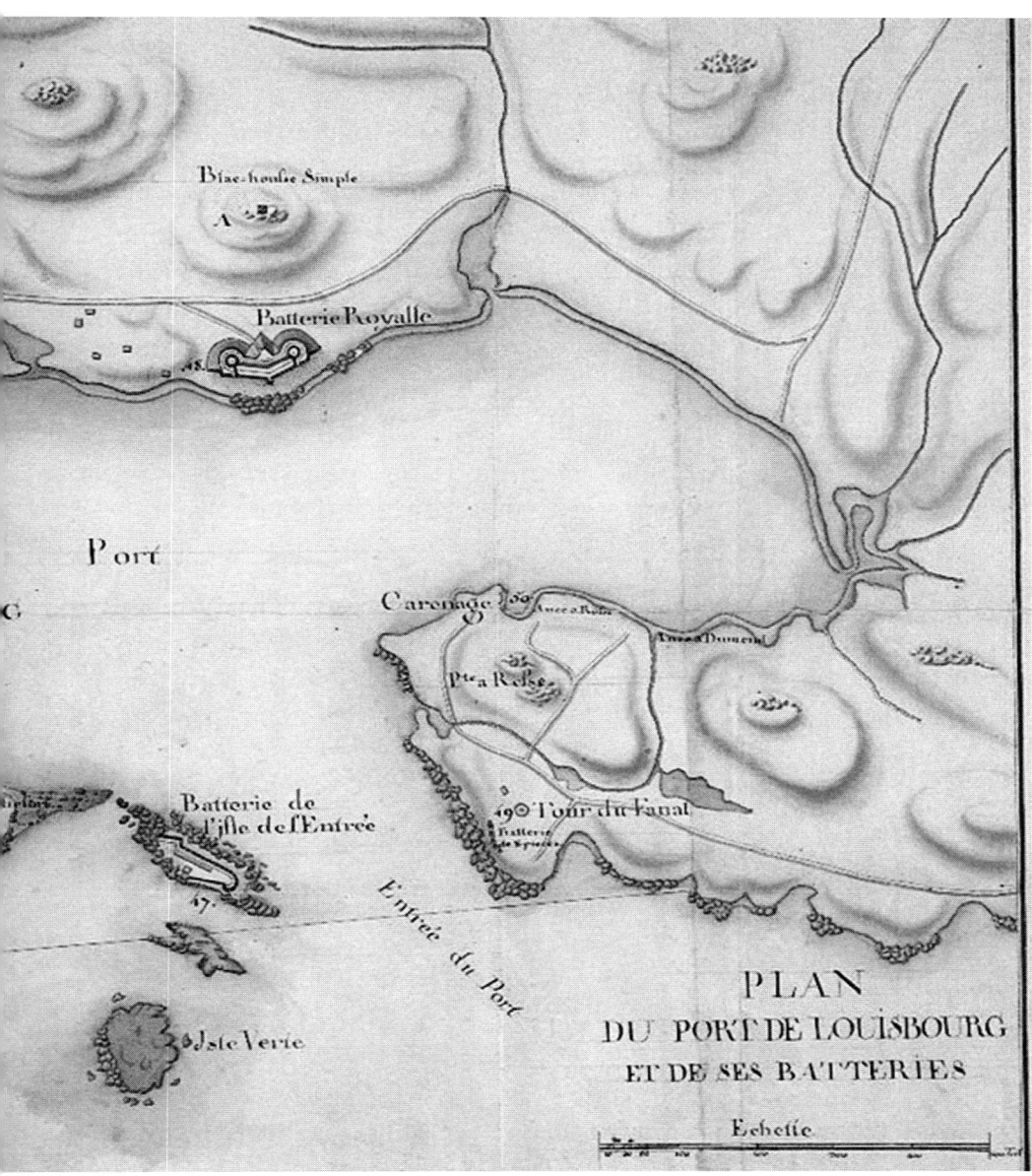

personal especializado en su elaboración. Una teoría defiende la idea de que un grupo de ingenieros franceses llegó hasta este lugar para esconder las riquezas de la fortaleza de Luisburgo antes de que cayesen en manos de los ingleses.

es que, si leemos los relatos de los distintos equipos que trabajaron en el lugar, la posición de estas capas tendría una distribución que difícilmente podría explicarse por motivos naturales. En lo que se refiere a la presencia de fibras de coco, estos mismos autores aluden a la existencia de una serie de cocos viajeros que habrían protagonizado desplazamientos de miles de kilómetros para introducirse por unas pequeñas grutas subterráneas y que fueron los que, posteriormente, encontraron los conocidos cazatesoros en tres niveles distintos del pozo; algo, en principio, difícil de creer.

Se puede considerar la losa de pórfido, y sus extraños caracteres, un burdo intento de los excavadores por conseguir alargar la financiación de la expedición, ya que da a entender, una vez traducida la inscripción, que el tesoro estaría a punto de ser descubierto. También parecen aproximarse a la realidad cuando aseguran que todas las referencias al Pozo del Dinero anteriores a mediados del siglo XIX no tienen apoyatura documental, por lo que podrían ser, simplemente, fruto de la imaginación.

Pasó el tiempo, y una nueva leyenda nació para envolver con una nueva capa de misterio el famoso botín que tanto se resistía a ser desvelado. Comenzó a difundirse el rumor de que este sólo sería descubierto después de que siete personas falleciesen en su búsqueda. En 1849, un capataz llamado James Pitblado robó algo que salió enganchado a la perforadora que estaban utilizando para profundizar en el pozo. Nadie sabe a ciencia cierta qué fue lo que encontró, aunque dicen que un testigo que se encontraba en el lugar le pidió que devolviese el objeto o que, al menos, lo mostrara, debido a la importancia que tendría para resolver el misterio de la isla del Roble. Pero el capataz se negó, dejándonos a todos en la más completa incertidumbre y abandonó la excavación con la intención de volver unos años después para comprar la isla y hacerse con su tesoro. No lo consiguió, ya que al poco tiempo murió como consecuencia de un accidente laboral que no tuvo ninguna relación con la isla.

La primera muerte relacionada directamente con el pozo se produjo en 1861, cuando la explosión de una caldera terminó con la vida de un hombre. En 1897 murieron otros dos trabajadores, pero el accidente más dramático no se produjo hasta 1965, cuando cuatro de los obreros que trabajaban en la excavación murieron al mismo tiempo. Desde entonces, los visitantes de lugar empezaron a hablar de la aparición de todo tipo de seres extraños, incluidos los fantasmas de algunos soldados ingleses del siglo XVIII.

Ante tantas incógnitas, los investigadores que han tratado de desvelar el misterio de la isla del Roble se han preguntado qué es lo que podría esconderse debajo de ese pozo sin fin. Hay hipótesis para todas los gustos; algunas tan absurdas como la que relaciona este enigma con la presencia de caballeros templarios en la región. ¿En qué se basan para llegar a dicha conclusión? Según ellos, la losa de pórfido hallada durante las excavaciones era un objeto que, necesariamente, tuvo que llegar desde fuera del continente; y razones no les faltan para pensar así, ya que, como dijimos, este material es prácticamente inexistente dentro del continente americano. El problema es que tanto la losa como sus símbolos parecen más un fraude que un documento digno de tenerse en cuenta para ser investigado. Además, no hay ninguna posibilidad de estudiar dicha inscripción, ya que desapareció a finales del siglo XIX, y nadie ha logrado dar con su paradero. Algunos la sitúan dentro de la chimenea que uno de los primeros descubridores, Smith, construyó en su hogar, mientras que otros creen que decoraba el descansillo de la entrada a un taller de Halifax.

La tesis templaria se vio reforzada gracias al hallazgo, en Cabo Bretón, de un arma fabricada en Europa durante los siglos XIV y XV, una especie de culebrina, que llevó a algunos autores, entre ellos Saint Claire, a proponer la presencia de los caballeros de la Orden del Templo en Nueva Escocia, lugar al que habrían llegado, ni más ni menos, para ocultar objetos tales como el Arca de la Alianza o el Santo Grial. La culebrina existe realmente, de eso no tenemos dudas, pero su presencia puede explicarse de una forma más lógica, ya que nada nos impide pensar que esta arma del siglo XIV bien pudo estar a bordo de una nave europea del siglo XVI, por lo que su presencia en tierras americanas se podría constatar sin recurrir a estas atrevidas hipótesis.

Puestos a elucubrar, pronto apareció una nueva teoría que afirmaba que el supuesto tesoro estaría formado por las joyas de María Antonieta. Cuenta la leyenda que, cuando cayó el Palacio de Versalles en manos de los revolucionarios franceses en 1789, la reina le ordenó a una de sus sirvientas que huyese con sus joyas y que las escondiese en algún lugar seguro hasta que ella las pudiese recuperar. Esta mujer, cuya identidad no conocemos, llegó a Londres y allí recibió el apoyo de un grupo de oficiales franceses que, siguiendo las instrucciones de María Antonieta, trasladaron a la sirvienta hasta Nueva Escocia, a un lugar remoto en el que excavaron un pozo que más tarde fue descubierto por tres jóvenes canadienses en 1795.

Otros opinan que, debido a la magnitud y a la perfección técnica con la que fue construido este escondite, su realización tuvo que contar con la ayuda de algún tipo de personal especializado. Según ellos, en algún momento indeterminado de la guerra de Independencia que enfrentó a los colonos americanos con las tropas de ocupación británicas en el último tercio del siglo XVIII, un grupo de ingenieros ingleses recibió la orden de trasladar los principales objetos de lujo, y parte de su tesoro, y ocultarlos en algún lugar de difícil acceso en territorio canadiense. Algo similar propuso John Godwin en su nueva versión, según la cual el pozo estaba siendo construido por ingenieros franceses cuando les fue encomendada la tarea de esconder los tesoros de la fortaleza de Luisburgo, antes de que cayese en manos de los ingleses durante la guerra francoindia.

A pesar de la originalidad de estos planteamientos, la mayor parte de los investigadores de la isla del Roble opinan que el origen de este escurridizo botín sería muy distinto. La presencia de restos de coco, que necesariamente tuvieron que llegar del Caribe, nos empuja a pensar que, si alguien visitó este lugar con la intención de esconder un inmenso tesoro, tuvo que ser, necesariamente, alguno de los piratas que operaron por las costas americanas del Atlántico Norte desde alguna de las bases corsarias que existían en el área del Caribe. La falta de documentación y de cualquier tipo de referencia despertó la imaginación de los investigadores que, sin poder aferrarse a nada concreto, empezaron a proponer nombres de piratas empujados únicamente por su intuición, y quizás también por sus simpatías. Desde Drake al temido Henry Morgan, todos pasaron a formar parte de esta lista de posibles candidatos. Entre todos ellos, el capitán Kidd y Barbanegra partirían con mayores probabilidades, porque se sabe que navegaron por esas aguas y porque dijeron, antes de morir, que su verdadero tesoro aún no había sido encontrado.

Las riquezas de estos temidos lobos de mar seguían sepultados en algún enclave desconocido. El mismo capitán Kidd, como recordará el lector, llegó a decir antes de ser condenado a muerte que su increíble fortuna seguía descansando allí «donde nadie más que Satán y yo mismo pueda encontrarlo», algo que, a tenor de lo que hemos podido ver en este epígrafe, encajaría a la perfección con lo que nos encontramos en la isla del Roble.

LOS TESOROS DE LA ISLA DEL COCO

Después de varias semanas navegando, las bodegas del barco se encontraban totalmente vacías. Los tripulantes recorrían las entrañas del barco tratando de encontrar algo con lo que saciar su sed. Mirando hacia el horizonte, no dejaban de pensar en la ironía que les había brindado el destino: estaban rodeados de mar, pero sin una mísera gota de agua que llevarse a la boca.

Ese fue el principal problema al que se enfrentaron todos los corsarios que operaron en las costas pacíficas de la América española. A diferencia de lo que ocurría en la zona del Caribe, aquí eran pocos los lugares que podían utilizarse como base de operaciones en sus largas travesías. Una de estas bases fue la isla del Coco, un enclave excelente para abastecerse, ya que disponía de excelentes recursos hídricos, con unas precipitaciones que se aproximaban a la escalofriante cifra de los siete mil milímetros anuales y una nada desdeñable cantidad de alimentos gracias, en parte, a la introducción de animales europeos, como el cerdo, que proliferaron en estas latitudes. Estas son algunas de las razones por las que estos piratas eligieron aquel sitio como lugar de reunión, más aun teniendo en cuenta que entre la costa de Panamá y las islas Galápagos no había ningún otro sitio en el que hacer escala.

Surgen entonces leyendas que narran las aventuras de distintos piratas, entre ellos el sádico Henry Morgan, que llegaron a estas tierras cargados de oro y joyas. Como era costumbre, el botín se repartía entre todos los miembros de la tripulación, pero el temor a que sus codiciosos compañeros les quitasen su parte hizo que algunos de ellos la enterrasen en algún lugar secreto de la isla. Según se dice, escalaron los acantilados que bordeaban la costa y, posteriormente, se adentraron en la espesura de la selva con la intención de ocultar unas riquezas que esperaban poder disfrutar en el futuro. Muchos confiaron en su memoria, pero otros decidieron elaborar extraños mapas que sólo ellos podían interpretar. Como se figurará el lector, no todos tuvieron la posibilidad de recuperar lo que en su día fue suyo. Algunos terminaron colgados de la horca y otros abatidos por el fuego artillero de un navío español, mientras que sus botines quedaban ocultos y olvidados alimentando la ambición de muchos aventureros, que no tardarían en dirigirse a la isla y empezar la búsqueda.

De los tres grandes tesoros escondidos, según las tradiciones, en la isla, dos de ellos tuvieron que pertenecer a prestigiosos piratas. Uno de ellos fue el de Edward Davis, que formaba parte de un célebre grupo de bucaneros, entre los que también estaban John Coxon, Bartholomew Sharp y William Dampier. Según cuentan las tradiciones, la base de operaciones de Davis estaba en esta isla del Coco, y desde allí dirigió sus ataques contra los barcos y ciudades españolas, haciendo que su fortuna creciese más y más hasta convertirse en legendaria. En 1684 decidió volver a la isla del Coco, y una vez allí enterró su tesoro en algún lugar desconocido. Mucho más tarde, la isla se convirtió en el escondrijo de otro famoso pirata: el portugués Benito Bonito, que, tal vez por infundir algo más de temor del que provocaba su nombre, se hizo llamar «Espada Sangrienta». En 1819, el pirata luso se hizo con un importante cargamento de oro procedente del puerto de Acapulco y, para evitar que cayese en manos de cualquier desconocido, lo ocultó en la bahía de Wafer, en la isla del Coco, con la esperanza de poder disfrutarlo durante su placentera jubilación. Dos años más tarde, Benito Bonito murió luchando contra un militar británico de las Indias Occidentales, por lo que su tesoro quedó oculto en la isla hasta muchos años más tarde, cuando unos investigadores lograron identificarlo utilizando un moderno detector de metales.

Por fin se descubrió uno de los tres tesoros que, según todos, se encontraban en la isla, pero faltaban dos; y el último de ellos, el de Lima, fue siempre considerado uno de los más espectaculares de la historia. Todo comenzó muchos años atrás, cuando las tropas realistas que defendían una de los pocas posiciones que los españoles conservaban en la América continental lo vieron todo perdido ante el infatigable empuje al que se vieron sometidos por parte de los ejércitos de Simón Bolívar y José de San Martín. En octubre de 1820, ante el temor de que el tesoro del Perú cayese en manos de los independentistas hispanoamericanos, el virrey Joaquín de la Pezuela decidió contratar un barco inglés que estaba atracado en el puerto del Callao, el *Mary Dear,* capitaneado por William Thompson, con la intención de evacuar el tesoro y salvarlo del expolio que le esperaba si continuaba en la capital del virreinato. Con todas las esperanzas puestas en el joven navegante británico, los españoles empezaron a subir a bordo veinticuatro cajas gigantescas cargadas de oro y joyas preciosas, entre las que destacaban unas estatuas de oro macizo procedentes de la catedral de Lima.

El 22 de octubre el *Mary Dear* abandonó el puerto del Callao, pero, cuando apenas habían navegado unas pocas horas, el capitán Thompson le comunicó a su reducida tripulación qué era lo que verdaderamente llevaban en las bodegas del barco. Cegados por la codicia, los marineros no dudaron en acatar la propuesta de Thompson: poner rumbo hacia un antiguo refugio de piratas, la isla del Coco; y una vez allí, en la bahía de Wafer, ocultaron su cargamento en una cueva de veinticinco metros de profundidad. Como no podía faltar en una buena historia sobre piratas, los hombres del *Mary Dear* elaboraron un mapa del tesoro para no perder la pista del lugar en donde habían escondido su fortuna;

y cuando lo tuvieron todo preparado levaron anclas y pusieron rumbo a la ciudad de Panamá, con tan mala suerte que a mitad de camino fueron interceptados por un corsario español, el *Peruvian,* que había salido de puerto tan pronto como se creyó que el capitán británico no iba a cumplir la parte de su trato.

Ansiosos por saber qué había sido del tesoro de Lima, los españoles no dudaron en interrogar de la forma más persuasiva que pudieron a los once tripulantes que encontraron embarcados en el *Mary Dear.* Al negarse a delatar dónde habían escondido su enorme fortuna, ocho de ellos fueron fusilados inmediatamente, y sus cuerpos se arrojaron al mar. Ante esta demostración de fuerza, los tres supervivientes decidieron confesar e indicaron a sus captores que el tesoro había sido escondido en la isla del Coco. Podemos suponer la emoción que sintieron los navegantes del *Peruvian* cuando descubrieron, por fin, qué era lo que había ocurrido con la enorme fortuna que el virrey Pezuela había sacado del Perú para evitar que cayese en manos de los independentistas. Pero, para una empresa como esta, necesitaban pertrecharse, y por eso se dirigieron hacia el puerto de Panamá, donde no tardó en desencadenarse la desgracia. Una repentina epidemia de gripe diezmó la tripulación del barco español; y uno de los tres prisioneros que habían capturado en el *Mary Dear,* y al que pensaban utilizar para encontrar el tesoro de Lima, murió víctima de la enfermedad, dejando a sus dos compañeros como los únicos testigos de su paradero.

Los días fueron pasando y la fiebre no parecía querer abandonar a unos hombres que empezaron a relajar la vigilancia sobre los dos presos que, después de dos semanas atracados en el puerto, lograron al fin huir. Una noche en la que todo parecía estar en calma, vieron la oportunidad de lanzarse al mar por una escotilla que encontraron abierta. Luchando por su propia supervivencia, empezaron a nadar hasta llegar a un ballenero que permanecía anclado cerca del barco español. Cada vez más débiles, hicieron verdaderos esfuerzos por mantenerse a flote mientras, en su desesperación, gritaban con todas sus fuerzas para que alguien acudiese a su encuentro. Tras varios minutos de agonía, fueron rescatados por el capitán James Morris, un ballenero norteamericano de New Bedford, que, para alivio de los cautivos, decidió partir el día siguiente con destino a Kona, en las islas Sandwich. Allí, uno de los dos jóvenes decidió desembarcar, pero el otro, un tal Thompson, prefirió seguir con Morris hasta su base en Massachusets e iniciar una vida dedicada al mar en barcos que transitaban las rutas entre los Estados Unidos y las islas del Caribe.

Cada uno tomó un camino distinto y no volvieron a encontrarse en el resto de sus vidas. El rastro del famoso tesoro de Lima se había perdido para siempre. A partir de ese momento, se inició una búsqueda no exenta de sobresaltos.

Pasaron los años y, un lejano día de agosto de 1844, mientras Thompson se hallaba en el puerto de La Habana en Cuba, este marinero, que años atrás había tocado con sus propias manos la considerada mayor fortuna del planeta, se encontró con John Keating, primer oficial de un barco canadiense, que, tras invitarle a una cerveza, le ofreció un puesto como marinero en su navío. Pero el paso del tiempo parecía haber hecho mella en el ánimo de Thompson. Ya no se sentía con fuerzas para recuperar el grandioso tesoro de Lima, por lo que de camino a la península del Labrador, le contó a su nuevo valedor la gran aventura que vivió a bordo del *Mary Dear*. Cuando por fin lograron atracar en el pequeño y tranquilo puerto de Saint John's Newfoundland, Keating intentó organizar una expedición hacia la isla del Coco, pero sus habitantes no se imaginaban que su primer oficial se hubiera creído los delirios de un marinero consumido por la edad y el alcohol, que por aquel entonces decidió renunciar a todos sus sueños y volver a su Inglaterra natal.

Pero Keating no olvidó esta apasionante historia. Dos años después, cuando su barco estaba fondeado en el puerto de Colón, en Panamá, atravesó el istmo para llegar a la costa pacífica. Allí alquiló un pequeño navío con el que dirigirse a la isla del Coco con el pretexto de que iba a visitar la tumba de un antiguo pariente enterrado en este lugar. Keating logró llegar tras unos días de complicada navegación, a bordo de su pequeño barco, sufriendo las inclemencias de un océano que se interponía entre el hombre y su destino. Al llegar a la bahía de Chatham decidió desembarcar él solo y dirigirse en un bote hacia la otra bahía de la isla, la de Wafer, en donde sólo él sabía que existía un enorme tesoro enterrado. Al parecer, el intrépido marinero canadiense desembarcó cerca de un pequeño río que desembocaba en la playa y empezó a andar siguiendo la ruta que años atrás le había indicado Thompson. Una hora más tarde logró alcanzar la cueva del tesoro, eso es al menos lo que él pensó, y con mucho esfuerzo apartó la enorme piedra que cubría su entrada. Una vez dentro cogió una pequeña muestra de lo que allí se encontraba: un puñado de monedas de oro con las que llenó un bolso de su abrigo. Pero no hubo tiempo para más. Sin decir nada a nadie volvió a su embarcación y, más tarde, a su pueblo natal en Canadá, en donde cambió sus monedas por la nada desdeñable cantidad de mil trescientas libras esterlinas, con las que compró dos barcos de pesca y amasó una importante fortuna.

Pero la tentación de una vida acomodada hizo mella en este hombre de mar, que a partir de ese momento se dio a la buena vida. Adquirió una lujosa y confortable mansión, donde pudo disfrutar del buen vino, de la comida y de las dos jóvenes mujeres con las que contrajo matrimonio. Pasaron los años, y la salud de Keating se fue deteriorando tanto que, a partir del año 1870, vio cómo su cuerpo se quedaba parcialmente paralizado. Esto le impidió cumplir su sueño: volver a la isla del Coco.

Fue la viuda de Keating la que decidió recuperar el proyecto de su difunto marido. En 1897, partió de la Columbia Británica a bordo del *Aurora* con dirección a la isla Coco. Lo más curioso de todo es que llevaba consigo un extraño mapa del tesoro que tiempo atrás había sido elaborado por su esposo, en donde se dibujaba la isla y un punto de tinta roja que señalaba el lugar exacto en donde se debería excavar. Pero los problemas empezaron pronto, porque, nada más llegar a su destino, el gobernador Gissler se negó rotundamente a dejarlos desembarcar en la isla. A pesar de todo, no tardó en cambiar de opinión, más aún cuando se le prometió una parte del botín tras observar, maravillado, el magnífico mapa que le mostraba la viuda

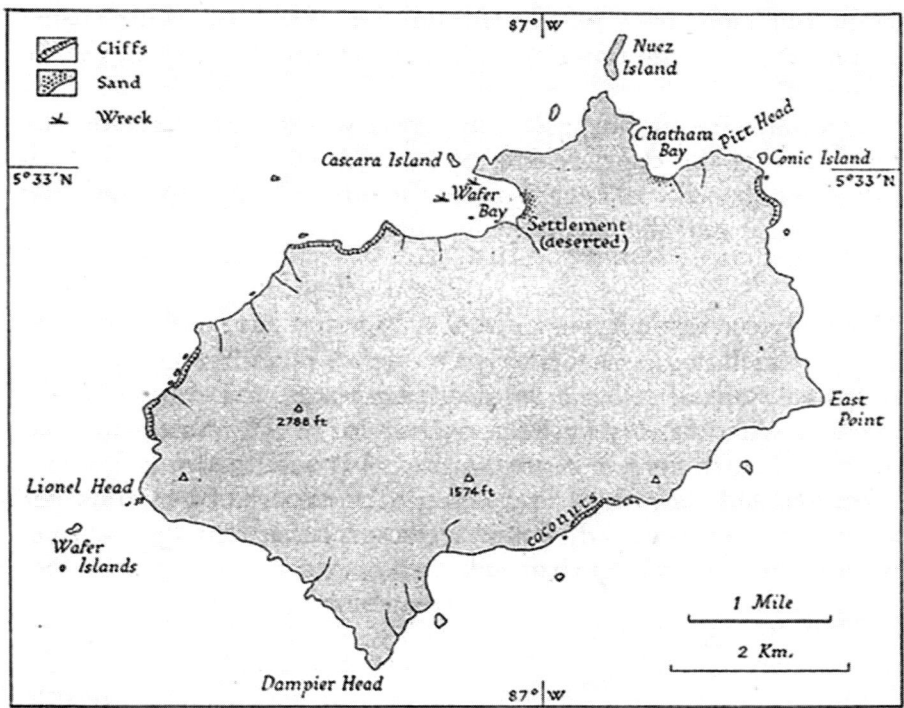

Fig. 5. Cocos

Based on official sources.

Mapa del tesoro del Coco. Algunos mapas de la isla del Coco, como el que en su día realizó el pirata portugués Benito Bonito, resultaron clave para encontrar algunos de los tesoros que la isla escondía. Otros muchos fueron inventados por viejos marineros con la intención de ganar unas monedas aprovechándose de la credulidad de algunos cazatesoros, que soñaban con hacerse con las riquezas de este remoto lugar.

y que, sin ningún género de dudas, revelaba el lugar exacto en donde se encontraba el ya legendario tesoro de Lima.

Pese a los esfuerzos, no lograron encontrar nada, por lo que la expedición llegó a su fin, cerrando un capítulo más de esta larga historia que había empezado casi cien años atrás. Desde entonces, hallar este enigmático mapa del tesoro se convirtió en una de las principales obsesiones de todos aquellos que trataron

August Gissler fue uno de los más tenaces buscadores del tesoro de Lima. Su amistad con un enigmático personaje llamado Old Mack le permitió conocer esta antigua leyenda. Desde entonces consumió buena parte de su energía y juventud rastreando una isla que guardaba celosamente sus secretos.

de resolver el misterio; lo que provocó, como el lector supondrá, la aparición de incontables mapas falsos que complicaron aún más la búsqueda.

Algunos años atrás, un inglés llamado William Tucker había tratado de encontrar lo que Keating no pudo; y en 1888 se produce otro hecho importante en la búsqueda de este espectacular tesoro. Por aquel entonces, un joven marinero alemán llamado August Gissler conoció en Kona, Hawái, a un viejo y alcohólico escocés llamado Mackcomber, al que todos conocían como Old Mack, y que era célebre por las increíbles historias que contaba sobre tesoros y piratas, algo que muchos consideraban fruto de su desmesurada inclinación por el ron. Pero eso no tuvo que importar mucho al muchacho, porque pronto cayó enamorado de su joven hija, una bella muchacha nativa que cautivó al alemán. Fue por aquel entonces cuando la salud de Old Mack le jugó una mala pasada, pero antes de morir le confesó a Gissler que él era, ni más ni menos, que uno de los dos cautivos que en su día sobrevivieron al famoso robo del tesoro de Lima. Sin pensarlo, una vez fallecido su suegro, decidió viajar a la isla del Coco, en donde consumió parte de su juventud persiguiendo un sueño que nunca se hizo realidad.

Hundido en su desesperación, no tuvo más remedio que rendirse ante la evidencia, y en 1906 renunció a su puesto de gobernador de la isla y se fue a vivir a Nueva York, en donde murió, en 1935, sumido en la pobreza y olvidado por todos. Poco antes, en 1931, un naufragio llevó a tres jóvenes californianos a habitar la isla durante seis meses. No les hizo falta más tiempo para descubrir una cueva del tesoro, tal y como insinuaron en un artículo publicado en la revista americana *Magazine* en 1932, y cuyo título era «Seis meses en una isla desierta». Nadie pareció hacerles mucho caso, pero esta historia volvió a resurgir a finales del 1949, cuando uno de los náufragos, un tal Paul Stachwick, propuso al Gobierno costarricense participar en el rescate del tesoro de Lima con la única condición de que las pertenencias de la Iglesia le fueran devueltas a su dueña. Para asombro de todos, aseguró que el acceso a la cueva era relativamente sencillo.

Desde entonces, y hasta la actualidad, se han sucedido muchas expediciones. Algunos hablan de más de trescientas, que han llegado hasta la isla del Coco portando informaciones con poca fiabilidad e incluso mapas falsos. Como el utilizado por James Forber, que llegó a decir que él era descendiente de uno de los tripulantes del *Mary Dear*. Por ese motivo había llegado hasta sus manos ese antiguo mapa que trató de vender a un grupo de ricos inversores americanos; a cambio, eso sí, de una generosa participación si se encontraba el tesoro.

Mayor interés tuvo la publicación de una tesis de un historiador graduado en la Universidad de Costa Rica, llamado Raúl

Arias Sánchez, en la que demostraba que el tesoro de Lima no era un simple mito, sino un hecho histórico claramente constatado gracias a las referencias que nos habían llegado de Thompson y Mackcomber sobre la fortuna de Keating y, por qué no, de las excavaciones de Gissler. Desde ese momento, el investigador costarricense trató de convencer a su Gobierno de que efectuasen un rastreo de la isla utilizando tecnología de última generación, procedente de Air Images System, que no es sino una especie de filial de la NASA, empleando unos sensores para generar mapas tridimensionales desde un avión que haría vuelos rasantes sobre la bahía de Wafer. Posiblemente, este sería el medio más adecuado para desentrañar, de una vez por todas, el misterio de esta lejana y enigmática isla.

Capítulo 2
Las grandes tumbas perdidas

LA TUMBA DE ALEJANDRO MAGNO

Alejandro fue el más ilustre y venerado conquistador de la Antigüedad. Por encima de todo, destacó por sus campañas asiáticas, que le permitieron establecer un proceso de helenización en un amplísimo territorio comprendido entre Macedonia y la India. Pero con su muerte se esfumó el tan ansiado sueño del imperio universal.

Corría el mes de junio del año 323 a. C. y, en la ciudad de Babilonia, Alejandro se consumía como consecuencia de unas terribles fiebres provocadas, según los últimos estudios, por la malaria. En esos momentos, el joven macedonio se encontraba planificando la invasión y la colonización de Arabia como paso previo al inicio de sus campañas por Occidente. Pero ya era demasiado tarde, la enfermedad se negaba a abandonar su ya debilitado cuerpo.

Una hilera de guerreros macedonios desfiló ante el lecho en el que agonizaba Alejandro, conscientes de que pronto se iban

BOURDON, Sebastien. *Augusto visita la tumba de Alejandro* (1643). Museo del Louvre, París. Durante mucho tiempo, la tumba de Alejandro Magno estuvo localizada en la ciudad de Alejandría y hasta allí viajaron muchos hombres ilustres para venerar los restos del héroe macedonio. Se sabe que César lloró ante su tumba al no haber podido superar los increíbles logros del conquistador. Años más tarde, el nuevo emperador Augusto, no desaprovechó la ocasión de visitar el sepulcro de Alejandro, pero en este caso se produjo la fatalidad. Según cuentan las fuentes, el romano tropezó en el mismo momento en el que se disponía a besar la momia de su ídolo, con tan mala suerte que cayó sobre ella y le arrancó la nariz de cuajo. Dicen las malas lenguas que Augusto nunca se perdonó semejante torpeza.

a quedar sin su indiscutible jefe; el mismo que les había llevado de victoria en victoria desde que abandonaron Grecia once años atrás. Ahora todo había cambiado; los funestos presagios acontecidos antes de su llegada a la ciudad del Éufrates se fueron cumpliendo escrupulosamente, hasta provocar la muerte del macedonio a los treinta y dos años de edad. Poco antes del fatal desenlace, sus generales y amigos más íntimos le preguntaron sobre el heredero de ese gran imperio, a lo cual respondió de forma un tanto enigmática, lo que provocó el desconcierto entre sus hombres. Al parecer, contestó que su heredero debía ser el más digno de los que allí se encontraban, y, como no pudo ser de otra manera, todos ellos se dieron por aludidos.

Se inició entonces una descontrolada carrera marcada por la guerra y el asesinato. Para evitar males mayores, los generales macedonios decidieron repartirse lo conseguido hasta ese momento y dividir el territorio en tres grandes reinos. Egipto cayó en manos de Ptolomeo, Persia fue para Seleuco y los territorios europeos, para Antípatros.

En lo que todos estuvieron de acuerdo fue en la necesidad de construir un enorme mausoleo para honrar la memoria de Alejandro Magno. Por lo que nos han transmitido las fuentes, sus dimensiones tuvieron que ser formidables. Durante meses emplearon todos los recursos necesarios para construir un espectacular sarcófago de oro macizo, en donde se mostraba la figura en relieve del general, con sus armas, su casco y su armadura. En los extremos del sarcófago destacaban cuatro imponentes columnas jónicas de oro y, a sus lados, unos fabulosos relieves que narraban la vida del conquistador.

El cuerpo del rey permaneció dentro de su ataúd de oro en Babilonia mientras sus generales discutían sobre dónde debía situarse su morada definitiva. No lo podemos afirmar con seguridad, pero el deseo de Alejandro era ser enterrado en un lugar que le traía muy buenos recuerdos: el santuario del dios Amón, situado en el oasis egipcio de Siwah, el lugar en que el joven macedonio fue saludado como hijo de la divinidad después de la conquista de Egipto. Pero este postrero deseo no fue compartido por sus generales, que opinaban que su cuerpo debía reposar junto al de su padre, el gran Filipo, en tierras macedonias, más concretamente en Vergina.

Esa fue la decisión final. Dos años más tarde partió un enorme cortejo desde Babilonia para acompañar al cuerpo de Alejandro hasta la lejana Macedonia, pero a mitad de camino Ptolomeo logró hacerse con su cuerpo y trasladarlo hasta Egipto. Todos creyeron que el antiguo general había actuado con la única intención de hacer cumplir la voluntad de su antiguo rey, pero pronto se percataron de que no había sido así. La presencia de Alejandro en su reino legitimaría aún más la posición de Ptolomeo; y al parecer eso fue lo que pasó, ya que su dinastía logró reinar durante siglos hasta la llegada de los romanos.

El primer lugar donde se depositó el cuerpo de Alejandro III fue la ciudad de Menfis, posiblemente en una tumba vacía que había sido preparada para el faraón Nectanebo II en un templo sagrado situado en Saqqara. Este templo fue excavado en 1850 por Auguste Mariette, y allí descubrió un semicírculo de estatuas griegas, datadas en tiempos tolemaicos, que representaban a poetas y filósofos relacionados directamente con la vida de Alejandro.

El sucesor de Ptolomeo, Ptolomeo II Filadelfo, trasladó la tumba desde Menfis hasta Alejandría en 280 a. C., donde se encontró precisamente un sarcófago adscrito al mismo faraón Nectanebo II, lo que dio más consistencia a la teoría sobre la primera ubicación de la tumba de Alejandro en Saqqara.

Más tarde, en 215 a. C., Ptolomeo IV erigió un enorme recinto sagrado conocido como la *Sema Alexandros*, situado en el centro urbano de Alejandría. Este santuario se convirtió, desde bien pronto, en un lugar de peregrinación donde se rendía pleitesía al afamado conquistador, pero tanto esplendor no podía pasar desapercibido y, por eso, en el siglo I a. C., Ptolomeo XI fundió el supuesto ataúd de oro para pagar a sus soldados y, posteriormente, introdujo la momia del conquistador macedonio en otro sarcófago, mucho más modesto, realizado en vidrio. Este fue sin duda el que vieron los emperadores romanos cuando llegaron a Egipto para honrar su memoria.

Sarcófago de Nectanebo II (s. IV a. C.). Museo Británico, Londres. En 1822, Champollion descifró los jeroglíficos de este imponente sarcófago y llegó a la conclusión de que había pertenecido al faraón Nectanebo II. Todas las pruebas nos llevan a pensar que acogió el cuerpo de Alejandro desde que este llegara a Egipto dos años después de su muerte.

El primero fue Julio César durante su visita a Egipto en 48 a. C. para mediar en el conflicto entre Cleopatra y Ptolomeo XIII. Se sabe que no dejó escapar la oportunidad de contemplar a Alejandro en su cámara funeraria excavada en la roca, detrás de la Sema. Según parece, el cónsul romano derramó lágrimas frente a su héroe por no haber podido emular los logros del macedonio. Más tarde, le tocó el turno al joven Augusto, que con toda la pompa del mundo ordenó sacar la momia del sarcófago para coronarla y cubrir su cuerpo de flores. En un descuido imperdonable, el joven Octavio resbaló cuando iba a darle un sentido beso, con tan mala pata que terminó rompiéndole la nariz a una momia que desde entonces quedó parcialmente mutilada.

El siguiente en llegar fue el excéntrico Calígula, que ordenó que le trajeran la coraza del gran Alejandro para poder utilizarla como apoyo durante sus actuaciones. Además, Vespasiano y Tito visitaron la tumba a finales del siglo I d. C., al igual que Adriano en 170 d. C. y Septimio Severo en 200 d. C.; el último del que tenemos constancia fue el emperador Caracalla en 215 d. C., lo que pone de manifiesto la presencia de la tumba en la ciudad de Alejandría en el siglo III. Nuevas evidencias transmitidas por Amiano Marcelino confirmarían la sospecha de su localización en la Sema hasta por lo menos el siglo IV, y más concretamente hasta el año 365 d. C. en el que la ciudad fue golpeada por un brutal terremoto que provocó la destrucción del mausoleo, pero no del cuerpo del conquistador, ya que, a finales de este siglo, Libanio de Antioquía aseguró en un discurso dirigido al emperador Teodosio que el cuerpo de Alejandro seguía expuesto en la ciudad y que, además, se le seguía rindiendo culto.

Esto era mucho más de lo que estaba dispuesto a permitir Teodosio, por lo que un año después publicó una serie de decretos que prohibían el culto a los dioses paganos en esta y otras ciudades del Imperio. En Alejandría, los cristianos destruyeron el Serapeo; y el culto al héroe, que daba nombre a la ciudad, cesó para siempre. Es en estos momentos cuando los restos de Alejandro desaparecen de la historia, y cuando se inicia una interminable búsqueda que se ha convertido en una auténtica obsesión para la arqueología moderna. Cualquier duda queda despejada por Juan Crisóstomo cuando, a finales del siglo IV, afirmó que la tumba de Alejandro era ya desconocida para las gentes de Alejandría; y, algo más tarde, Teodoreto puso su nombre en una lista de famosos cuyas tumbas no se habían logrado encontrar.

Hay muchas hipótesis para tratar de ubicar la morada definitiva de Alejandro, y una de las más populares, especialmente dentro del ámbito académico, es aquella que sitúa sus restos en el mismo sitio en donde estuvo durante siglos: la Sema, cuya ubicación dentro de la ciudad sigue siendo desconocida.

Según los escritos de Estrabón y otros historiadores, el recinto sagrado se hallaría en el distrito de los Palacios Reales, en

THEODORET. EVESQVE
DE CYRE

En el siglo v, Teodoreto, uno de los padres de la Iglesia griega, escribió un extraño documento donde se nombraban algunos personajes cuya tumba no había sido localizada. Una de ellas fue la de Jesucristo, pero en este listado también tenían cabida antiguos dioses paganos como Alejandro Magno.

la actual zona norte de la ciudad y, por lo tanto, cerca de la península de Loquia o, incluso, en el fondo del mar. En los últimos años, los trabajos de los arqueólogos submarinos se han centrado en rastrear esta amplia zona que quedó bajo las aguas a causa de la elevación del nivel del mar. El resto del área está en la superficie, especialmente el promontorio de Silsileh, pero una buena parte fue demolida en el siglo xix para construir la Corniche alejandrina o, lo que es lo mismo, el malecón de la ciudad. Otros autores sitúan la Sema en un lugar distinto. Zenobio apunta hacia el centro urbano y Aquiles Tacio menciona el distrito de Alejandro, situado en el cruce de dos calles bellamente decoradas con columnas de estilo ptolemaico. Nuevos estudios basados en la existencia de mapas antiguos de Alejandría han sugerido la posibilidad de que tres de los lados del recinto funerario fuesen utilizados como parte de las murallas medievales en el sector oriental, por lo que la Sema estaría en las proximidades del cruce de caminos principal de Mahmud Bey. Una pequeña parte de estos muros medievales sobrevivirían hoy en los Jardines de Shallalat.

Hay otras muchas conjeturas, unas con más rigor que otras, sobre la ubicación de la tumba de Alejandro; y algunas vuelven a apuntar hacia la ciudad que llevaba su nombre, pero fuera del recinto de la Sema. En el año 2000, dos famosos investigadores, Javier Sierra y Robert Bauval, recorrieron durante varios meses la ciudad de Alejandría buscando la tumba de Iskander, nombre con el que los árabes conocen al conquistador. Uno de los primeros lugares que visitaron fue el cementerio antiguo de la ciudad, un espacio olvidado por todos y lejos de las rutas turísticas, pero en cuyo interior pudieron observar los restos de una enorme tumba hecha en alabastro que irradiaba un extraño hieratismo. Esta fue descubierta en 1907 por Evaristo Breccia, mientras que, en 1966, otro arqueólogo italiano, Achille Adriani, la comparó con los antiguos mausoleos reales macedonios. La conexión resultó evidente y, por eso, muchos se apresuraron a afirmar que ese tuvo que ser el lugar donde descansó el cuerpo de Alejandro. El problema fue que no había ninguna inscripción que permitiera identificar el mausoleo, más aún si tenemos en cuenta que, durante muchos siglos, Egipto fue gobernado por una familia de origen macedonio, lo que podría explicar la presencia de esta y otras tumbas en la ciudad egipcia.

Javier Sierra y Robert Bauval no perdieron el tiempo durante su estancia en Alejandría. Otro de los lugares donde indagaron fue en la mezquita de Nebi Daniel, situada a escasos metros del montículo de Kom el-Dikka y construida en 1823 por Mohammed Ali. Ambos investigadores pidieron permiso para internarse por una cámara subterránea, situada bajo esta desconocida mezquita, para saber si lo que se contaba sobre ella tenía una base

Tumba de estilo macedonio
en Alejandría

Mezquita de Nabi Daniel

real o no. Pero allí no encontraron nada, ni un solo indicio sobre uno de los grandes misterios de la Antigüedad. Y es normal que así fuese, porque toda esta historia parece haber sido inventada por un guía local llamado Ambroise Schilizzi, tal vez con la intención de atraer el mayor número posible de turistas, cuando afirmó que él mismo, con sus propios ojos, había visto un sarcófago de vidrio situado en una cámara oculta dentro de la mezquita. Según él, el sarcófago se encontraría tras una vieja puerta carcomida por los gusanos. Pero Schilizzi habló tanto que terminó por quitarle toda la credibilidad a su relato, especialmente cuando aseguró que existían muchos papiros esparcidos alrededor del sarcófago. Sin duda alguna, el guía había leído las crónicas de Dion Casio cuando hablaba sobre los papiros guardados por el emperador Septimio Severo en la tumba y que pertenecían a diversos libros sobre la tradición mágica de Egipto. Algo poco creíble teniendo en cuenta la imposibilidad de la preservación del papiro en Alejandría debido a la enorme humedad producida por sus altas capas freáticas.

Otra de las posibilidades fue la mezquita de Attarina, muy cerca de la anterior, donde posiblemente pudo estar el sarcófago del ilustre Alejandro Magno. Precisamente, en 1517, León el Africano aseguró que en esta tumba existía una pequeña casa con la forma de una capilla, la cual aparece rotulada con las palabras latinas *Domus Alexandri Magni*. Es más, existen varias referencias en textos árabes de los siglos IX y X que mencionan la tumba o, más bien, el edificio que cobijaba un sarcófago encontrado en 1798 durante las campañas napoleónicas en Egipto.

Seguimos sin saber nada, e incluso tenemos más dudas que al principio; por lo tanto, los historiadores y los arqueólogos han seguido investigando y ofreciendo nuevas hipótesis enormemente atractivas sobre la localización de esta escurridiza momia. No son pocos los que siguen recordando cuál fue la última voluntad de Alejandro: ser enterrado en el oasis de Siwa, lugar en el que fue proclamado faraón y donde se situaba el famoso oráculo de Amón. En esta ocasión, los deseos del macedonio no se vieron satisfechos, porque no existe ninguna sola referencia, ni tan sólo una alusión, a la posibilidad de que su tumba fuese desplazada hasta este lejano emplazamiento. A mitad de camino entre este lugar y Alejandría, se encuentra el oasis de Bahariya, donde otros creen que pudo llegar su cuerpo cuando los paganos vieron peligrar su integridad, debido a la implacable persecución de los cristianos durante el reinado de Teodosio. En 1938, un arqueólogo llamado Ahmen Fakhry descubrió un pequeño templo con un altar de granito rojo y un cartucho muy gastado donde creyó leer el nombre de Alejandro, pero sin llegar a conclusiones seguras.

La más extraña y apasionante hipótesis propone un lugar mucho más lejano. Y lo más sorprendente es que se sustenta sobre datos históricos que, por lo menos, se merecen el beneficio de la duda, por muy increíble que parezca.

Como toda gran aventura, esta historia comenzó mucho tiempo atrás, durante las luchas entre cristianos y paganos en la Alejandría del siglo III d. C. Además del cuerpo momificado de Alejandro, en la ciudad existían otros restos humanos que fueron objeto de veneración, pero en este caso por parte de los cristianos. Estos se identificaron con los de san Marcos el Evangelista, fundador de la comunidad cristiana en la poderosa urbe norteafricana. Después de predicar durante varios años en Alejandría, san Marcos habría sido martirizado en el año 68 d. C. y su cuerpo habría sido quemado para evitar la propagación del culto al Evangelista. Esto es, al menos, lo que nos cuentan algunos escritores cristianos como Doroteo, Eutiquio y el autor del *Cronicón Pascual*; aunque un documento apócrifo conocido como los Hechos de San Marcos, escrito por un autor anónimo del siglo IV d. C., afirma que una tormenta milagrosa permitió salvar los restos del santo y provocar el pánico sobre unos atemorizados paganos que huyeron en desbandada.

Como sospechará el lector, esta última narración no fue más que un mero intento de dar credibilidad a la tradición que defendía la existencia de la tumba del santo en Alejandría, por lo que, si atendemos a los hechos históricos y a las referencias documentales de estos historiadores antiguos, no tendremos más remedio que reconocer que el cuerpo de san Marcos desapareció por estas fechas. Si fue realmente así, ¿a quién pertenece

Mezquita Attarina y mapa de Braun y Hogenberg. Unos textos árabes fechados en los siglos IX y X hacen referencia al lugar donde un día estuvo la tumba de Alejandro Magno: la mezquita Attarina. Una clara conexión la tenemos en el mapa Braun y Hogenberg del año 1575, cuando sitúa el edificio en el centro de la ciudad de Alejandría y con una inscripción muy significativa: «Domus Alexandri Magni».

Basílica de San Marcos en Venecia. Cada día miles de turistas recorren la plaza de San Marcos, en la bella ciudad italiana de Venecia, sin saber que bajo sus pies puede esconderse la tumba de uno de los personajes más trascendentales de toda la historia.

realmente el cuerpo momificado que quedó depositado en el interior del templo de Bucalis? Para Andrew Chugg, la respuesta es obvia, al mismo que misteriosamente desapareció en aquellas fechas y ese mismo lugar: el divinizado Alejandro Magno.

Hemos de suponer que allí descansó durante algo más de cuatrocientos años hasta que se produjo la invasión árabe de Egipto, acontecimiento que forzó el traslado de su cuerpo hasta un lugar seguro. Fue en 828 d. C. cuando dos mercaderes italianos llamados Buono de Malamocci y Rustico de Tortecello lograron burlar a los oficiales del puerto, sacar las reliquias, llevarlas hasta su ciudad natal, Venecia, y enterrar su cuerpo en una cripta ubicada bajo una iglesia construida por los venecianos con ese propósito, la basílica de San Marcos, pero que, según esta teoría, cobijaría no ya los restos del evangelista, sino el de uno de los personajes más adorados de los últimos dos mil años, cuya misteriosa muerte ha generado una enorme controversia entre historiadores de distintas épocas.

Para reforzar esta hipótesis, Chugg alude a la existencia de una estrella argéada situada hoy en día en la iglesia de Santa Apolonia de Venecia. Este tipo de estrella fue localizada por primera vez después de unas excavaciones realizadas en 1977 en Vergina, en la Macedonia griega, y al parecer están relacionadas con las tumbas pertenecientes a la familia real de Alejandro. Lo más curioso es que este tipo de símbolo dejó de usarse en el siglo II y desde entonces hasta el siglo XX no volvió a saberse nada de él. La única excepción sería esta estrella encontrada en Venecia que aportaría más misterio a un enigma milenario que ha traído de cabeza a los grandes historiadores del mundo antiguo.

EL TESORO FUNERARIO DE ALARICO EL VIEJO

En el año 70 d. C., los romanos, cansados de la actitud levantisca de la díscola provincia de Judea, aplastaron la revuelta judía con un potente ejército dirigido por Tito, al mismo tiempo que destruían la ciudad de Jerusalén y saqueaban su prestigioso templo. Uno de los testigos que presenció los hechos fue el célebre historiador Flavio Josefo. Gracias a él sabemos que entre los tesoros que lograron amasar los romanos tras la conquista de la capital judía destacaban una fastuosa mesa hecha completamente de oro y el famoso Candelabro de los Siete Brazos. Ambos objetos fueron encontrados en el interior del sanctasanctórum del templo de Salomón y, por lo tanto, debemos considerarlos dos de los objetos de culto más importantes de la religión yahvista.

Tras un largo recorrido, este enorme botín llegó a la ciudad de Roma y allí permaneció, perpetuándose en el tiempo, hasta que, en 410 d. C., el poderoso rey visigodo Alarico I derrotó y saqueó la capital imperial, haciéndose con unas inimaginables riquezas que a partir de entonces acompañaron a su pueblo. Pero ¿quién fue este insigne personaje? Según los historiadores que han estudiado su biografía, el más grande de los monarcas que los godos tuvieron en su apasionante historia.

Alarico nació en el año 370 d. C. en la isla de Perice, en un contexto en el que el otrora poderoso Imperio romano se precipitaba hacia el abismo como consecuencia de la galopante crisis económica, la corrupción política y las continuas invasiones de los pueblos bárbaros que amenazaban con destruir la civilización y sumir el mundo en el caos. Con la intención de frenar este proceso de descomposición, los romanos llegaron a pactar con algunos de ellos para defender las fronteras de su cada vez más debilitado Imperio. Años atrás, en 332 d. C., el emperador Constantino sellaba un tratado, que concedía a la tribu de los godos el estatus de federados de Roma, con la intención de buscarse un aliado para contener los ataques de las hordas germánicas en la frontera danubiana. Algo más tarde, se produjo un episodio de trascendental importancia para comprender el proceso de cristianización y romanización que protagonizó este pueblo, que siempre se consideró como la más civilizada de las tribus bárbaras. Durante este siglo IV, Ulfilas transmitió a los visigodos un cristianismo de tendencias arrianas, por lo que para el 395 d. C., fecha en la que Alarico es proclamado caudillo de los visigodos, ya se encontraban parcialmente romanizados.

En este mismo año moría el gran emperador Teodosio, siendo su última voluntad dividir el Imperio entre sus dos hijos: Honorio, que se quedó con la parte occidental, y Arcadio, al que le tocó la oriental. El mundo romano quedaba en una situación crítica, fraccionado y enfrentado como consecuencia de la rivalidad que desde pronto surgió entre los dos hermanos. No ajeno a estos conflictos, el visigodo Alarico trató de aprovechar al máximo la situación y comenzó a presionar al emperador de Occidente para que le otorgase una tierra en la que poder establecer su hogar. Tras una historia de encuentros y desencuentros, de pasiones y venganzas, de lealtades y traiciones, se llegó al año 410 d. C., en el que el caudillo germano, hastiado de los desaires de Honorio, decidió atacar la ciudad de Roma y saquear sus tesoros.

STEAKLEY. *Ulfilas explicando el evangelio a los visigodos* (1900). El obispo Ulfilas introdujo entre los visigodos un nuevo cristianismo de tendencias arrianas. Esto explica el respeto y la reverencia que los godos tuvieron hacia las creencias, tradiciones y objetos de culto de la religión judeocristiana.

Leutemann, Heinrich. *Sepelio de Alarico en el río Busento* (1895). Alarico se hizo con un impresionante botín después del saqueo de Roma en el año 410 d. C. Tras su muerte, fue enterrado con un espectacular tesoro en una tumba que aún no ha sido descubierta.

Apesadumbrados, los romanos pensaron que el final del mundo estaba a punto de caer sobre sus cabezas; razones no les faltaron para ello. Durante seis días, los atemorizados habitantes de la capital imperial se tuvieron que resignar al asesinato, la tortura y la violación. El mismo Alarico llegó a decir que una especie de demonio lo empujaba a la destrucción de la ciudad eterna a través de una voz que le advertía: «Intrabis in urbem». Y finalmente entró en Roma. Sus instrucciones fueron claras, sus hombres podían saquear todo lo que encontrasen, excepto los templos cristianos y los monumentos más importantes de la ciudad, lo que para la época no podía ser sino una muestra de sensibilidad hacia la belleza y el valor artístico de una ciudad que pretendía que fuese la capital de su futuro reino.

Al finalizar el sexto día, las alforjas, las arcas y los carros de los godos se encontraban a rebosar. La grandiosidad del botín extraído de la más poderosa de las ciudades del mundo antiguo fue, sin duda, inigualable. Como dijimos, Flavio Josefo nos había confirmado en sus escritos la captura de las famosas reliquias israelitas por parte de los romanos en el año 70 d. C. En esta ocasión, otro historiador, Procopio de Cesarea, dejó escrito en su *Libro de las guerras V* que el tesoro judío de Salomón había sido tomado por los visigodos tras el saqueo del año 410 d. C. y que casi cien años después se encontraba en la ciudad de Tolosa:

> Alarico el Anciano, en tiempos anteriores, lo había tomado como botín cuando capturó Roma. Entre ellos estaban también los tesoros de Salomón, el rey de los hebreos, un espectáculo más digno de mención [...] la mayoría de ellos estaban adornados con esmeraldas, y lo habían llevado de Jerusalén, por los romanos en la antigüedad.

A las riquezas acumuladas por el saqueo de Roma, se les unieron la de los rescates pagados por sus autoridades para evitar la conquista de la ciudad. Uno de estos pagos se produjo en el año 408 d. C., cuando el emperador Honorio tuvo que ofrecer la escalofriante cantidad de cinco mil libras de oro y treinta mil de plata para que Alarico volviese grupas y se desplazase hacia Rávena. Pero finalmente cayó Roma, y, con ella, todas sus riquezas, por lo que Alarico, ebrio de optimismo por el enorme triunfo que había logrado sobre los romanos, comenzó a plantearse la posibilidad de ser emperador. Su primera decisión fue movilizar su ejército y dirigirse hacia el sur para asegurar las líneas de abastecimiento de las estratégicas provincias norteafricanas, consideradas el auténtico granero del Imperio romano. La idea era llegar a Brindisi y, desde allí, dar el salto y pasar a Sicilia, donde le esperaba una flota que los conduciría a tierras africanas. El ejército visigodo no actuó

Cosenza desde el puente de Alarico. No existe ningún tipo de duda sobre la ubicación del tesoro de Alarico en esta pequeña localidad de la Italia meridional. El puente de Alarico marca el lugar donde un día fue enterrado el rey visigodo acompañado por un indescriptible ajuar funerario.

con tibieza; prueba de ello fue la dureza mostrada por sus guerreros cuando pasaron por las ciudades situadas en su camino.

Pero en la localidad de Cosenza, a la que todos consideraron la siguiente presa del rey visigodo, se produjo la fatalidad, ya que, después de haber sitiado la localidad, se produjo la muerte del gran Alarico I, primer caudillo baltingo del pueblo godo. Mucho se ha hablado sobre su muerte. Unos dijeron que falleció ahogado cuando su barco se fue a pique mientras viajaba al norte de África para inspeccionar el terreno y preparar una futura invasión. También se llegó a decir que Alarico fingió su propia muerte para salvar a su pueblo de las posibles represalias que el revitalizado ejército romano proyectaba realizar para castigarlos por las afrentas que tuvieron que padecer los habitantes del Imperio. A pesar de todas estas interpretaciones, la hipótesis más plausible es que el caudillo murió de enfermedad y, más concretamente, de malaria; el hecho es que, en 410 d. C., el rey Alarico emprendió su ultimo viaje, ocupando a partir de entonces un puesto destacado en la historia del pueblo visigodo como uno de los héroes más importantes, que luchó por ofrecer a su gente una tierra en donde asentarse.

Es en estos momentos cuando empieza a fraguarse una tradición cuyo recuerdo se ha perpetuado hasta nuestros días, como un susurro que esconde tras de sí una nueva historia que nos habla del que puede ser uno de los tesoros más impresionantes que aún queda por descubrir en este joven siglo XXI. Muerto Alarico, sus generales se preocuparon por que el cadáver de su jefe no cayese en manos de sus enemigos romanos. Miles de esclavos, ajenos a lo que les deparaba el destino, fueron conducidos en contra de su voluntad hacia el cauce de río Busento. Allí trabajaron durante varias semanas en una faraónica obra hidráulica hasta que consiguieron desviar el curso del río mediante la construcción de un canal y su correspondiente muro. Una vez terminada la obra, los exhaustos trabajadores lograron cavar una enorme fosa en el lecho del Busento, donde situaron el sepulcro de su rey, acompañado por uno de los ajuares más imponentes de toda la historia. Pero lo peor aún estaba por llegar: cuando acabaron las obras, se retiraron los muros de contención, para que el río Busento ocupara nuevamente su cauce, y se ocultó, de esta forma, el lugar exacto donde se situaba la tumba de Alarico. Para evitar que ninguno de los esclavos que había participado en la elaboración de este monumental sepulcro revelase su emplazamiento exacto, fueron, todos ellos, pasados a cuchillo; un acto dantesco que sirvió de epílogo a la vida de este ilustre caudillo.

Según las fuentes, el pueblo visigodo siempre estuvo acompañado por dos tesoros. Uno de ellos era el famoso Tesoro Sagrado, formado por los principales objetos de culto y los más estrechamente relacionados con la divinidad —que por su naturaleza pertenecían a la nación visigótica— y que siempre acompañó al pueblo godo allí donde se encontrase. El otro tesoro era el real, aquel que pertenecía a la monarquía y del que el rey podía disponer libremente cuando lo considerase oportuno. Una parte de este tuvo que ser el que quedó sepultado en la tumba bajo los aguas del río Busento en 410 después de Cristo.

No en vano muchos investigadores buscaron en la ciudad de Cosenza, más aún cuando en esta localidad se sigue conservando un recuerdo material que evoca tan lejano episodio. Entre las iglesias de San Domenico y San Francesco de Paola aún podemos encontrar el famoso puente de Alarico, suspendido sobre el río Busento, en el punto exacto donde se cree que siguen estando la tumba y el tesoro del célebre rey visigodo. No fueron pocos los que, ante la evidencia de que este se encontrase en ese mismo lugar, propusieron a las autoridades italianas volver a desviar el curso del río Busento y acceder, de esta forma, al lugar exacto donde un día excavaron los esclavos de los visigodos. Pero, hasta nuestros días, nadie ha logrado enfrentarse al sorprendente misterio que se encierra en esta bella localidad de la Italia meridional, cuyos habitantes siempre han tratado con escepticismo a los cientos de aventureros, historiadores e iluminados que, cada año, recorren las pintorescas callejuelas de Cosenza.

LA TUMBA PERDIDA DE ATILA, REY DE LOS HUNOS

Algunos años después de la muerte de Alarico, los godos lograron, al fin, aquello por lo que tanto habían luchado: un reino donde asentarse y prosperar como pueblo. Guiados por su nuevo rey, Ataúlfo, llegaron al sur de la provincia romana de la Galia, y allí, en la ciudad de Tolosa, establecieron su capital. Su vida no iba a ser tan fácil como en un principio pensaron, pronto tuvieron que enfrentarse a un temible problema: la llegada de las hordas hunas que, bajo la dirección de Atila, pusieron en jaque todos los territorios del Imperio romano de Occidente.

El carácter indómito y ambicioso del gran caudillo asiático se forjó desde muy pronto, lo mismo que su intención de convertirse en rey de todo el mundo conocido. Tal y como narra la leyenda, este deseo nació como consecuencia del hallazgo de un objeto de trascendental importancia: la espada de Marte.

Guerreros hunos asolando las tierras europeas. A mediados del siglo v d. C., el Imperio romano languidecía como consecuencia de una profunda crisis moral y económica. Los guerreros hunos, guiados por su nuevo rey, el Azote de Dios, se abatieron sobre las indefensas poblaciones europeas, cuyos habitantes pensaron, tal vez con razón, que se estaba produciendo el final de su mundo.

Cierto día, un desconocido pastor descubrió que uno de sus corderos cojeaba de una pata. Extrañado, decidió seguir el rastro de sangre que el animal había dejado por el camino hasta que descubrió un arma con la que supuso que el animal se había cortado mientras pastaba en la hierba. Sin dudarlo, la recogió y la llevó directamente ante Atila; este quedó entusiasmado con tan digno regalo, al considerarlo la espada del mismísimo Marte, una señal que le mostraba su destino: ser señor de un gran imperio y la victoria en todas sus guerras. Con ella se lanzó a la conquista del mundo; y a punto estuvo de conseguirlo.

De su infancia sabemos poco. Debió de nacer en los alrededores del año 400 d. C., posiblemente en el año 395 d. C., en algún lugar indeterminado de las llanuras danubianas al norte del

Parque de Kalemegdan, Belgrado. La mayor parte de los investigadores ubican la tumba de Atila en algún enclave cercano a su lugar de nacimiento. Otros opinan que su tumba debe de encontrarse cerca de este bello parque situado cerca de la ciudad de Belgrado.

mar Negro. Después de la temprana muerte de su padre, quedó al cuidado de su tío, que lo acogió para instruirle en el muy noble arte de la guerra. Pocos años después, Atila y su hermano Bleda se encontraron al mando de todas las tribus hunas; y una de sus primeras actuaciones fue obligar a los romanos a aceptar un tratado de paz a cambio, eso sí, de un considerable tributo. Garantizadas sus fronteras occidentales, Atila y su hermano decidieron levantar sus campamentos y volver a sus tierras de origen para consolidar y fortalecer su joven pero extenso imperio.

El instinto guerrero de los dos hermanos no tardó en reaparecer, de ahí que en 440 d. C. los hunos volvieran a cruzar los límites del Imperio romano oriental y devastaran todas las poblaciones que encontraron en su camino. La situación se tornó tan crítica que la misma Constantinopla estuvo a punto de caer ante el empuje de los irrefrenables demonios asiáticos. El emperador Teodosio no pudo más que admitir su derrota, por eso envió una embajada para negociar un tratado de paz en virtud del cual los romanos se vieron nuevamente humillados y pagaron un rescate de seis mil libras romanas de oro, al que se le añadió un tributo anual que superaba las dos mil.

Satisfechos, los hunos volvieron a sus tierras, pero algo cambió el destino de todo un pueblo y de millones de personas que, desde la distancia, miraban con preocupación el aumento de poder de un personaje al que ya se empezaba a conocer con el apodo del Azote de Dios. En 445 d. C., murió Bleda, posiblemente envenenado por su querido hermano, y Atila quedó como único e indiscutido rey de su pueblo. Ya nada, ni nadie, podía inmiscuirse en su sueño de devorar una Europa sumida en una profunda depresión económica y moral, por eso volvió a cargar contra los romanos, que nada pudieron hacer por evitar la devastación de los Balcanes. Según Callinico, en la *Vida de san Hipatio*: «[…] más de cien ciudades fueron conquistadas, y Constantinopla llegó a estar en tanto peligro que sus hombres huyeron de ella […] incluso ocuparon iglesias y monasterios y degollaron monjes y doncellas en gran número».

El horror había llegado para quedarse y tardó mucho tiempo en abandonar las tierras del antiguo y orgulloso Imperio romano. Una nueva embajada, organizada por Teodosio en el año 448 d. C., contó entre sus filas con el prestigioso historiador Prisco. Sus informes, conservados gracias a la obra de Jordanes, nos permiten conocer las costumbres de su corte e incluso las características físicas del caudillo huno. Según él, Atila era «corto de estatura, de ancho pecho y cabeza grande; sus ojos eran pequeños, su barba fina y salpicada de canas; y tenía la nariz chata y tez morena, mostrando la evidencia de su origen». En otras palabras: feo, bajito y cabezón, pero extremadamente fuerte y con una voluntad de hierro para ver cumplidos sus deseos.

Ahora el turno le tocaba a Occidente. Después de desolar la zona oriental, la vista de Atila se posó sobre el nuevo reino de los visigodos que, por aquel entonces, se encontraban asentados en Toulouse en alianza con el emperador Valentiniano III. Tal vez exageradamente, las fuentes nos informan de la llegada al norte de la Galia de un espectacular ejército compuesto por quinientos mil hombres. Acongojados, los romanos pusieron todo su empeño en unir a todos sus aliados para superar una situación que muchos consideraban insalvable. Fue en aquel momento cuando una simple pero trascendental decisión pudo cambiar el curso de la historia: el rey visigodo Teodorico I, que veía con preocupación el avance de Atila tan hacia el oeste, decidió actuar y unir sus fuerzas a las del general romano Aecio, y juntos lograron, al fin, infligir una apabullante derrota a los hunos en la batalla de los Campos Cataláunicos, que motivó la huida de Atila para salvar la vida, mientras que sus aliados se retiraron en desbandada.

Aún tuvo tiempo de dejar su rastro de muerte por toda la península itálica antes de retirarse definitivamente a su palacio en tierras danubianas, donde, con toda seguridad, tuvo que proyectar una nueva campaña para conquistar la ciudad de Constantinopla; algo que no pudo realizar porque la muerte le sorprendió en su tienda a comienzos del año 453 después de Cristo.

De nuevo fue Prisco el que, en esta ocasión, nos describió los detalles de la muerte de Atila. Y, como podremos observar, no fue del todo agradable. Según este historiador, la misma noche en la que tomó por esposa a la joven goda Ildico, que por aquel entonces aún lloraba la muerte de su padre y hermanos por la espada de los hunos, Atila sufrió una terrible hemorragia nasal que le ocasionó la muerte en pocos minutos. No se sabe muy bien cómo se produjo este fatal desenlace, de lo que no podemos dudar es de que todos los excesos que experimentó durante los últimos treinta años los pagó finalmente con su vida. Aterrorizada, la bella Ildico tuvo que presenciar cómo el asesino de su familia moría retorcido de dolor mientras se ahogaba en su propia sangre; un infame final para el que hasta ese momento había sido un orgulloso y temido emperador.

Sobrecogidos por el dolor, sus guerreros le lloraron mientras se cortaban el pelo y se autolesionaban con sus propias espadas, ya que, como dejó por escrito Jordanes, «el más grande de los guerreros no debía ser despedido con lágrimas de mujer, sino con sangre de hombres». Inmediatamente empezaron los preparativos para su funeral y, según cuenta la leyenda, prepararon un triple sarcófago, uno de oro, otro de plata y el último de hierro, en el que enterraron al poderoso caudillo acompañado de un colosal botín procedente de sus conquistas.

Y la historia volvió a repetirse. Algunos de los guerreros que formaban la guardia personal del difunto rey se presentaron voluntarios dispuestos a ofrecer un último acto de servicio en honor a su difunto líder. Buscaron un lugar seguro y discreto para que nadie descubriera jamás la ubicación exacta de su tumba; y cuando ya estaba todo dispuesto, uno tras otro, acompañados de los generales del enorme ejército de los hunos, los guerreros se suicidaron sin vacilar para evitar que ninguno de ellos cayese en la tentación de desvelar el punto exacto del escondite de tan espectacular tesoro.

Ha pasado el tiempo y la tumba de Atila sigue sin ser descubierta a pesar de que son, cada vez más, los que han tratado de averiguar su ubicación definitiva. Lo más probable es que, siguiendo las viejas tradiciones bárbaras, la última morada del guerrero estuviese en algún enclave concreto cerca de su lugar de nacimiento. Es por eso por lo que la mayor parte de los investigadores apuntan hacia una zona comprendida entre Rumanía y Bulgaria. Otros han propuesto un extraño lugar: Kalemegdan, una antigua fortaleza situada en uno de los barrios de la ciudad de Belgrado, en la confluencia de los ríos Sava y Danubio, que, según una leyenda local, fue donde se situó la morada última del temido Azote de Dios.

EL TESORO DEL GRAN KHAN

Recuerdos remotos de esta macabra historia protagonizada por el caudillo huno llegaron hasta el siglo XII, en el que vivió otros de los individuos más temidos y con más mala idea de nuestro pasado. En una época dominada por la violencia y en la que innumerables tribus luchaban entre sí por garantizar su supervivencia, un poderoso guerrero mongol llamado Yesugei se encontró cara a cara con un grupo de guerreros tártaros que le invitaron a ingerir una bebida envenenada, como venganza por la crueldad con la que había obrado años atrás en contra de los miembros de su clan. Semejante actuación no pudo tener unas consecuencias más funestas sobre un pueblo que, a partir de entonces, iba a tener sus horas contadas.

Tras la muerte de su padre, el pequeño Temujin tuvo que sobreponerse, junto con un grupo de servidores, a todos los obstáculos que se encontró en su camino. No fueron pocas las veces en las que tuvo que huir para no caer en las manos de alguna tribu rival que, por aquel entonces, se dedicaba a lanzar continuas razias para capturar a niños y mujeres indefensos y venderlos en el lucrativo comercio de esclavos. Se dice que, en una ocasión, Temujin fue apresado y que, para evitar su fuga, se le puso una pesada canga de madera al cuello; pero haciendo gala de su astucia se sirvió de ella para dejarse llevar por la corriente de un río y escapar de un destino que aún no tenía escrita su última palabra. Esta acción aumentó la fama del hijo de Yesugei que, a los quince años, ya contaba con un reducido pero leal grupo de seguidores con los que, a partir de entonces, se lanzó a la conquista del mundo. Una tras otra fueron cayendo las tribus rivales, aunque la peor de las suertes la tuvieron que soportar los tártaros, que desaparecieron de la historia después de que Temujin ordenase matar a todos los varones, bebes incluidos, y repartir a sus mujeres entre sus muchos seguidores.

En 1206, se produjo la unificación efectiva de toda Mongolia, cuando una asamblea de tribus decidió dejar atrás una época de luchas y guerras civiles, y otorgó el título de Gengis Khan (el kan oceánico o universal) al poderoso Temujin. Su fama se extendió rápidamente por media Asia, y por ese motivo los uighures se ofrecieron en vasallaje a los mongoles, tal vez para librarse de los onerosos impuestos a los que se veían sometidos por parte de los kara-jitai. Su unión con esta gran tribu china supuso un auténtico salto cualitativo para el joven imperio mongol. La influencia que recibieron de este pueblo sedentarizado y con un alto grado de desarrollo cultural les permitió contar con un primer núcleo de colaboradores competentes que los incitaron, por otra parte, a luchar contra el Imperio chino de los Xi Via. E incentivos no le faltaron a Gengis Khan, que pronto se lanzó a la guerra contra sus vecinos del sur para apropiarse de las extensas llanuras cubiertas de hierba y alimentar a sus caballos, pero también con la finalidad de incrementar y robustecer los poderes militares que la tradición mongol otorgaba a sus kanes en tiempos de guerra.

Con las puertas de China abiertas a la influencia mongol, Gengis Khan buscó un nuevo objetivo. En 1211, descargó toda su furia sobre los jin, un poderoso pueblo oriental que contaba con un ejército diez veces superior al de los mongoles. La enorme resistencia que ofrecieron en cada una de sus ciudades enfureció a Temujin, por eso decidió sitiar Beijing, que más tarde caería después de un duro asedio al que le siguió un espeluznante baño de sangre. La devastación a la que fueron sometidas todas las tierras del norte de China provocó una debacle que, según muchos historiadores, aún no ha podido ser superada. El hambre se apoderó de unos pobres campesinos que, al tener sus tierras arrasadas, no tuvieron más remedio que recurrir al bandidaje para sacar adelante a sus familias.

Pero nada parecía frenar la ambición sin límite del nuevo kan de los mongoles. Nuevas noticias llegaban desde Occidente y, por eso, la atención del kan se centró a partir de entonces en las tierras de Asia Central. A los primeros que les tocó sufrir el envite de los mongoles fue a los kara-jitai, cuya conquista los puso en contacto con otro reino, el de sha de Juarezm,

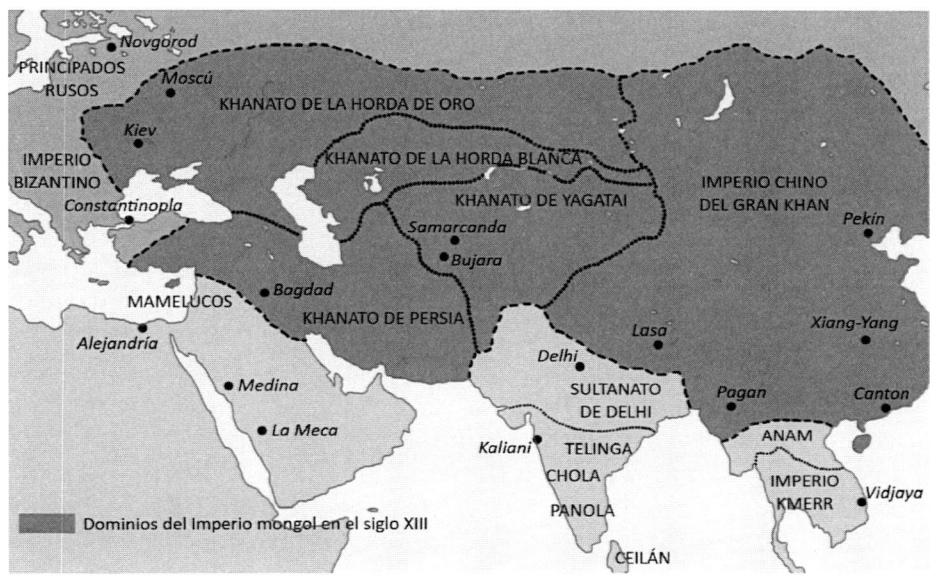

El Imperio mongol a la muerte de Gengis Khan. Gengis Khan forjó uno de los imperios más grandes de la historia. Tras su muerte, su cuerpo fue enterrado con un espectacular tesoro que a día de hoy sigue sin ser encontrado.

Muhammed, un inmenso territorio que contaba con algunas de las ciudades más ricas del mundo, como Samarcanda, Bujara o Nishapur, legendarias por sus enormes riquezas.

La carnicería se desencadenó cuando el gobernador de la ciudad de Otrar decidió, no sin motivos, exterminar a todos los integrantes de una caravana de comerciantes mongoles por considerarlos espías al servicio del Khan. La ofensa no podía quedar sin su merecido castigo, además, esos actos vandálicos sólo se los podía permitir él, por lo que sumido en la ira planeó una operación que fue largamente recordada. Toda la región de Asia Central fue nuevamente devastada entre los años 1219 y 1221; su población, exterminada; y las anteriormente lujosas ciudades situadas en la exótica ruta de la seda fueron brutalmente saqueadas. Uno tras otro, los carruajes, repletos de oro y piedras preciosas, partieron con dirección a Mongolia, acompañados por miles de mujeres a las que no les esperaba otro futuro más que el cautiverio y la esclavitud. La leyenda sobre la existencia del enorme tesoro de Gengis Khan fue, a partir de entonces, haciéndose realidad.

Después de arrasar el reino del sha de Juarezm, Gengis Khan decidió darse un descanso, y por eso encomendó a sus mejores generales proseguir con una conquista que, a la postre, supuso la destrucción de otros lugares como Georgia, Azerbaiyán y Armenia. Pero el descanso del guerrero no se prolongó durante mucho tiempo, ya que, entre otros problemas, aún tenía que resolver el tema de China, donde muchos pueblos se negaban a guardarle obediencia. La campaña se inició en 1226 con el propio Gengis Khan a la cabeza de un enorme ejército que llevó la muerte y el terror a miles de inofensivos campesinos.

Quiso el destino que esta operación fuese la última que viesen los ojos empapados en sangre del terrible Temujin. En febrero de 1227, durante el sitio de una pequeña población llamada Ningxia, una inoportuna caída, cuando cabalgaba altivo a lomos de su caballo, le provocó heridas internas que no lograron sanar y provocaron la muerte del que logró dar forma a uno de los imperios más extensos de todos los tiempos.

La historia se empeñó en volver a repetirse. Muerto su gran líder, el poderío y la fuerza del imperio de los mongoles se difuminó vertiginosamente. Cientos, tal vez miles de guerreros abatidos por el dolor, transportaron el cuerpo de su amado caudillo hacia la tierra que lo vio nacer, y allí buscaron un lugar donde construirle una tumba para que gozase de su descanso eterno.

Según cuenta la leyenda, el pueblo mongol no quiso dejar solo a Gengis Khan en su último viaje, y por eso decidieron sacrificar a cuarenta doncellas y a cuarenta de sus mejores caballos para que le acompañasen en ese desconocido viaje hacia el más allá. Con todo dispuesto, la poderosa caballería mongol se puso de nuevo en marcha hasta que llegaron a la tumba de su jefe, que fue pisoteada por miles de caballos para no dejar ni rastro de lo que allí había ocurrido unos días antes. Como ocurrió con Alarico, los mongoles mandaron a un grupo de guerreros a degollar a todos los constructores y capataces que habían participado en el entierro, pero cuando estos regresaron, aún con lágrimas en los ojos, no se sabe muy bien si por la suerte de su líder o por la que intuían para ellos mismos, fueron finalmente asesinados para que se perdiese definitivamente el recuerdo de la ubicación de la tumba, y así evitar los temidos robos y saqueos.

El lugar del sepulcro del Gran Khan fue rápidamente olvidado. Pocos años después, el célebre viajero Marco Polo aseguró que en época de Kublai Khan, nieto de Temujín, ya se desconocía el paradero de la tumba, y así ha seguido hasta nuestros días, convirtiéndose en uno de los enclaves más codiciados por los arqueólogos e historiadores del pasado, que se han de enfrentar a una tarea nada fácil, debido a la falta de documentación y, sobre todo, por la actitud de los gobiernos de Mongolia, contrarios a la idea de profanar e interrumpir el descanso de su legendario caudillo.

Durante mucho tiempo, todo tipo de expediciones han tratado de encontrar inútilmente la sepultura del Gran Khan, aunque en los últimos años las perspectivas son razonablemente buenas. En 2000, los trabajos de un grupo de arqueólogos chinos salieron a la luz y despertaron el interés en el ámbito académico internacional, ya que aseguraron haber encontrado la tumba del caudillo mongol y las de algunos de sus hijos en la provincia de Xinjiang, situada en el noroeste de China.

Un año después, el turno fue para un equipo de la prestigiosa Universidad de Chicago, que organizó la Expedición Gengis Khan. En su poder tenían unos antiguos documentos que describían la tumba con todo tipo de detalles. De su investigación se dedujo que esta debió de estar situada en el poblado de Batshireet, pero, cuando ya se disponían a realizar los trabajos de prospección y excavación, la negativa del Gobierno mongol les cayó como un jarro de agua fría. Las autoridades del país no podían permitir, siguiendo sus antiguas creencias, que las tumbas de los mongoles se removiesen, y por eso la expedición se quedó sin su ansiado permiso.

Poco después, en 2004, un grupo de arqueólogos japoneses y mongoles encontraron un mausoleo en Avraga, a los pies del Burjan Jaldún, situado en la Mongolia Central, y aseguraron que fue allí donde se encontraba el sepulcro de Gengis Khan. Esta línea de investigación la siguieron posteriormente los miembros de una nueva expedición, auspiciada por la National Geographic Society, a cuya cabeza se situó el arqueólogo Albert Yu-Min Lin de la Universidad de California, con la intención de localizar el misterioso sepulcro sin excavar ni un solo centímetro en una tierra considerada sagrada por los mongoles. Para ello se valió de unas tecnologías no invasivas y de un satélite de nueva generación que le está permitiendo al arqueólogo rastrear una enorme extensión de terreno en la que, al parecer, podría estar la tumba de Gengis Khan. Una vez identificadas las anomalías que puedan pertenecer a restos arqueológicos en el terreno, el satélite manda la información a unos radares que, con la ayuda de potentes ordenadores, son capaces de procesar los miles de datos con los que deben trabajar y convertirlos en imágenes tridimensionales.

Paradójicamente, estos datos podrían verse confirmados en uno de los pocos documentos que tenemos para investigar este enigma arqueológico. En *Historia secreta de los mongoles* se nos dice que Temujín fue enterrado en un emplazamiento sin ninguna estructura arquitectónica que pudiese identificar el enclave. También se nos dice que su tumba estaría en algún lugar de la Mongolia interior, entre el Burjan Jaldún, el lugar exacto donde rezaba Gengis, y el río Onon, donde al parecer pasó los primeros años de su dura infancia. Este territorio, con una extensión cercana a los cuatrocientos kilómetros cuadrados, sería declarado Ij Joning, o Gran Tabú, después de la muerte del guerrero, por lo que pasó a estar vetado a cualquier ser humano que se acercase con malas intenciones a este lugar sagrado.

La pregunta que todos los investigadores se hacen es siempre la misma: ¿logrará el arqueólogo americano encontrar la tumba gracias al empleo de toda esta tecnología? Mientras tanto, una espantosa maldición pesa sobre el lugar de reposo del Gran Khan: aquel que profane su descanso hará despertar la ira del temido Gengis, y todo tipo de males se extenderán por los pueblos de la Tierra, hasta la llegada de un inminente fin del mundo.

Capítulo 3
El Dorado

EL ORIGEN DEL MITO.
EL TESORO DE LA LAGUNA GUATAVITA

En el siglo xv, los turcos interrumpieron definitivamente el comercio europeo con el Lejano Oriente al conquistar, en 1453, la ciudad de Constantinopla. La única posibilidad para acceder al comercio de las especias era la búsqueda de una nueva ruta para realizar ese largo viaje con destino a Asia, y para el cual sólo existían dos alternativas posibles. La primera de ellas fue la que pretendieron establecer los marinos portugueses, bordeando el ignoto continente africano para llegar finalmente a las costas de la India. La segunda de estas posibilidades era atravesar el inmenso océano Atlántico y navegar hacia el oeste con la intención de encontrarse de frente con unos territorios cuya importancia era estratégica para el comercio europeo.

Fue así como empezó a tomar forma definitiva la aventura, la gran epopeya de uno de los personajes más trascendentales de toda la historia. Cristóbal Colón, acompañado por un puñado de hombres, la mayor parte de ellos maleantes, consiguió llegar a unas nuevas tierras cuya complejidad no siempre fue entendida por los conquistadores españoles. Es este el motivo por el que afloraron una enorme cantidad de leyendas que trataban de explicar la naturaleza del nuevo continente americano, cuya comprensión estuvo siempre impregnada de un halo de misterio y un componente mágico que han perdurado hasta nuestros días.

Desde que Colón llegó al Nuevo Mundo en 1492, siempre se trató de asimilar este gran espacio inexplorado mediante los recuerdos y las viejas nociones históricas y míticas que traían consigo los marinos europeos. Lo que habían encontrado era el Paraíso Terrenal, las tribus perdidas de Israel, el reino de las amazonas o los restos de la mítica civilización atlante.

Otro de los aspectos que merece la pena destacar es el desmesurado interés que tuvieron los conquistadores europeos por hacerse con las ingentes cantidades de oro y plata que existían en el continente americano. A todo ello tuvo que contribuir la injusta realidad social que imponía el modelo de producción feudal, que empujó a miles de españoles a iniciar un largo viaje, no exento de peligros, con la única intención de acceder a una pequeña parte de esas enormes riquezas y así ascender en la escala social. Otro de los motivos que podría explicar este desmesurado afán por conseguir metales preciosos era la grave situación económica de la monarquía española, incapaz de hacer frente a todos los gastos derivados de su intento por mantener la hegemonía española en el mundo, que llevó a la dinastía de los Austrias a acometer una serie de guerras cuya financiación sólo fue posible recurriendo al oro americano.

Esta mentalidad se refleja en una de las citas atribuidas a Cristóbal Colón, cuando dijo que el oro era el más exquisito de los elementos y que, con él, se podía lograr que el alma ingresase en el paraíso. No le faltaba razón al insigne descubridor, ya que no tardó en generalizarse por toda Europa el sistema de las indulgencias, mediante las cuales el cristiano compraba el perdón de sus pecados ofreciendo una generosa donación a la Iglesia para evitar, así, los tormentos del infierno.

Con esta obsesión por el oro, implantada en la mentalidad de todos los europeos dispuestos a saciar de cualquier forma su sed de riquezas, los conquistadores se trasladaron al Caribe y a la América Continental, y lo arriesgaron todo por conseguir el amarillo metal: sufrieron penurias y destruyeron civilizaciones enteras, como la de los incas y los aztecas, cuyos templos fueron saqueados y arrasados. Cuando ya no les quedaron pueblos que conquistar, soñaron con territorios repletos de oro escondidos en la profundidad de la selva, entre los que destacó El Dorado, un reino legendario cuya existencia, según muchos, pudo tener una base real, pero que se transformó con el paso del tiempo, debido a la febril imaginación de los que soñaron con este país de ensueño. De acuerdo con esta leyenda, El Dorado era una ciudad situada en el interior de la selva, tan rica en oro que prácticamente todos sus palacios, viviendas y calles estaban hechos con este material, así como sus más elementales artefactos de uso doméstico. A pesar de no saber muy bien su ubicación concreta, los conquistadores españoles la situaron en la zona central de Nueva Granada, lo que hoy es Colombia, aunque otros prefirieron apuntar hacia Venezuela, los Andes o algún punto indeterminado de la inabarcable selva amazónica.

En cuanto a sus orígenes, no tenemos los datos suficientes como para poder hacernos una idea sobre el momento exacto en el que apareció este concepto, aunque existen distintas teorías. Los más escépticos pensaron que los indígenas americanos trataron de burlar a los codiciosos conquistadores indicándoles la existencia de un reino lejano donde abundaba el oro en cantidades inimaginables. Según estos investigadores, esta actitud de los nativos americanos sería fruto del temor y la desesperación por salvar lo poco que les quedaba de su mundo, y por eso inventaron estas historias, para mantener a los españoles lejos de sus hogares.

Como suele suceder con todos aquellos que tratan de explicar lo que aún es desconocido negando su propia existencia, este planteamiento no está exento de ciertas contradicciones, ya que en los últimos años se ha comprobado la aparición de ciertas referencias a este lugar, rico en oro y metales preciosos, en tiempos

Lago Parima y la ciudad de
El Dorado en un mapa de 1625.
Poco después de la llegada de los
españoles al continente americano,
empezaron a correr rumores sobre
la existencia de una ciudad hecha
de oro, escondida en algún lugar
desconocido del Virreinato de
Nueva Granada.
En este mapa de 1625, podemos
incluso observar su ubicación cerca
del lago Parima.

anteriores a la llegada de los castellanos al continente americano. Los incas hablaban del Moxo, como un reino fabuloso colmado de riquezas; y los tupi-guaraní del Alto Paraguay, del reino de Candire, situado en la cordillera andina.

De esta forma, los españoles, desde muy pronto, accedieron a una información en la que se mezclaban componentes históricos y fantásticos. El mismo Colón llegó a plantearse la posibilidad de encontrar algún sitio con estas características, mientras que, en 1514, Núñez de Balboa, después de descubrir el océano Pacífico, se adentró en la jungla, desde Panamá con dirección a Colombia, con la intención de llegar a una ciudad de oro. Poco después, en 1520, a unos náufragos castellanos les llegaron noticias en Paraguay sobre la existencia de un rey blanco y de una montaña de oro y plata cerca de un lago en donde se escondía el sol, por lo que más tarde organizaron una expedición hacia los Andes, que terminó en un rotundo fracaso.

Entre los que buscaron El Dorado no estaban sólo los españoles, sino algunos hombres del norte, como los Wesler, una familia alemana que gastó una enorme fortuna, cuyos miembros creyeron en este mito más que nadie. Uno de ellos fue Ambrosio Alfinger, nombrado gobernador y capitán general de la provincia de Venezuela, cuya prioridad fue buscar en la jungla una ciudad de oro. En 1529 partió desde Coro hacia el interior del continente acompañado por un grupo de doscientos alemanes y españoles, y algo más de mil esclavos. En primer lugar, exploró la ribera del lago Maracaibo, fundó Nueva Núremberg e inició, entonces, una larga marcha tierra adentro en la que demostró su crueldad al arrasar todas las poblaciones indígenas que encontraba a su paso. Pero no encontró nada, y además cientos de personas murieron víctimas de enfermedades, hambre y de feroces ataques de los indios, en uno de los cuales murió el propio Alfinger, después de que una flecha envenenada le atravesase el cuello. El proyecto resultó ser un desastre, ya que tan sólo se consiguió atesorar un pequeño grupo de objetos de oro, perteneciente a la cultura chibcha, que no cubrió, ni de lejos, los gastos originados por la expedición.

Poco importaba. En la mente de los escasos supervivientes quedó la idea de que habían estado a punto de alcanzar su objetivo, y que la selva cerrada y los interminables ríos que se había interpuesto en su camino no eran sino el límite detrás del cual estaba su codiciado destino. Y por eso se prepararon para volver a intentarlo.

En la siguiente expedición, en 1530, Nicolás Federmann siguió el cauce del río Orinoco tratando de descubrir algún indicio sobre el legendario reino de oro, cuya posible existencia provocó la llegada de un aluvión de exploradores movidos por su sed de fortuna y gloria. Entre 1535 y 1539 lo volvió a intentar, esta vez atravesando los llanos de Colombia y Venezuela, hasta que en marzo de 1539 llegó a Bogotá, aunque sin resultados satisfactorios. Mientras tanto, en 1531, Diego de Ordaz obtuvo autorización de la Corona Española para explorar el interior del que, más tarde, sería el Virreinato de Nueva Granada, incitado por una serie de rumores que, nuevamente, hablaban de una ciudad de oro.

Estos primeros viajes quedaron recogidos en una obra conocida como *Noticias historiales,* escrita por fray Pedro Simón e inicialmente publicada en 1627, aunque se basó en los datos de otra obra de Juan de Castellanos conocida con el nombre de *Elegía de varones ilustres,* que fue el punto de partida para la comprensión de uno de los mitos más poderosos y duraderos de la conquista americana, y que, desde nuestro punto de vista, no debe verse como el fruto de una pasajera fantasía, sino como una herramienta fundamental para comprender el proceso de creación del Nuevo Mundo.

El nacimiento de la leyenda parece comenzar alrededor del año 1530 en los Andes septentrionales, momento en que el conquistador Gonzalo Jiménez de Quesada tuvo contacto con un grupo de aborígenes conocidos como los muiscas, una cultura indígena relacionada con una extraña costumbre de tipo ritual. En un primer momento, los españoles los consideraron un pueblo extremadamente avanzado, organizado en una especie de federaciones de pueblos a cuyo frente había un único señor o caudillo. Esta es la visión que de ellos tiene también el cronista Gonzalo Fernández de Oviedo, algo que no parece coincidir con los datos que en la actualidad nos ofrece la arqueología.

Los muiscas, también llamados chibchas, eran un pueblo que practicó una agricultura intensiva que producía maíz, patatas, mandioca, tabaco y coca. Se sabe que utilizaron algún tipo de moneda para sus intercambios comerciales, posiblemente piezas de oro o tejidos de algodón, y que destacaron por practicar una rica orfebrería de oro y por la explotación de sus ricas minas de sal y esmeraldas. Cuando llegaron los españoles, la zona estaba gobernada por dos caciques principales, uno en la zona de la cuenca de Batacá (Bogotá) que recibía el nombre de *zipa,* y otro en el área más septentrional, cuyo centro estaba en la cuenca del Tunja, y que recibía el nombre de *zaque.* De esta federación de pueblos, formaban parte otros caciques menores como el de Chía, Sogamoso y Guatavita, cuya importancia es fundamental para conocer la leyenda de El Dorado.

Estos dos caciques principales eran considerados unos personajes semidivinos, descendientes del sol y la luna, tanto que no podían ser contemplados por hombres comunes. A tal extremo llegó la devoción que les profesaban que después de muertos eran enterrados junto con sus esposas y criados para que estos los acompañasen en la vida del más allá. La religión del pueblo muisca era politeísta, con dos personajes principales formados por Chimiriguagua, un creador omnipotente que personificaba la luz, y el Bochica, un héroe civilizador de piel blanca y con barba y largos cabellos que simbolizaba la bondad y la sabiduría. Entre otras cosas, enseñó a los humanos los preceptos religiosos y éticos fundamentales para después desaparecer, no sin antes anunciar su futuro regreso. Sus características nos recuerdan, evidentemente, a otras divinidades americanas, como Quetzalcóatl, Kukulkán o Viracocha.

La conquista de este espacio no supuso ningún problema para Jiménez de Quesada, pero quedó profundamente desilusionado cuando comprendió que en este lugar no iba a encontrar esas enormes cantidades de oro de las que había oído hablar. No obstante, accedió a un conocimiento que, según muchos, podría explicar el nacimiento del mito de El Dorado.

El conquistador español supo que los indios chibchas residentes en las cercanías de la laguna Guatavita, situada a unos

Gonzalo Jiménez de Quesada. Grabado anónimo. Según el cronista español Gonzalo Fernández de Oviedo, la historia de El Dorado comenzó en torno a 1530, cuando Jiménez de Quesada tuvo un primer contacto con el pueblo de los muiscas muy cerca del lago Guatavita.

tres mil metros de altura en la meseta de Cundinamarca, compartían una costumbre ritual, que fue recogida por varios cronistas.

Según pudo oír, con la proclamación de cada nuevo cacique o zipa, el soberano o sacerdote debía cubrir su cuerpo con polvo de oro para después ser transportado sobre una balsa de juncos al centro de la laguna; una vez allí arrojaba una importante cantidad de objetos de oro a modo de ofrenda y, después, se bañaba en el lago. Terminado este ritual, el cacique se retiraba dejando en el fondo de la laguna unas enormes riquezas. Una lectura atenta de las crónicas nos permite saber la antigüedad de este complejo acto ceremonial, celebrado mucho antes de la llegada de los españoles, por lo que la lógica nos invita a suponer la existencia de un gran tesoro en Guatavita.

Una de estas narraciones la podemos encontrar en la obra *El Carnero,* escrita en 1638 por el criollo Juan Rodríguez Freyle, donde se describe la ceremonia de los chibchas de esta manera:

La ceremonia que en esto había era que en aquella laguna se hacía una gran balsa de juncos, aderezábanla y adornábanla todo lo más vistoso que podían; metían en ella cuatro braseros encendidos, en que desde luego quemaban mucho moque, que es el sahumerio de estos naturales, y trementina con otros muchos y diversos perfumes. Estaba a este tiempo toda la laguna en redondo, con ser muy grande y hondable de tal manera que puede navegar en ella un navío de alto bordo, la cual estaba toda coronada de infinidad de indios e indias, con mucha plumería, chaguoles y coronas de oro, con infinitos fuegos a la redonda, y luego que en la balsa comenzaba el sahumerio, lo encendían en tierra, en tal manera, que el humo impedía la luz del día. A este tiempo desnudaban al heredero en carnes vivas y lo untaban con una tierra pegajosa y lo espolvoreaban con oro en polvo y molido, de tal manera que iba cubierto todo de este metal. Metíanle en la balsa, en la cual iba parado, y a los pies le ponían un gran montón de oro y esmeraldas para que ofreciese a sus dioses. Entraban con él en la balsa cuatro caciques, los más principales, sus sujetos muy aderezados de plumería, coronas de oro, brazaletes y chagualas y orejeras de oro, también desnudos, y cada cual llevaba su ofrecimiento.

Esta y otras noticias empezaron a circular por los primeros asentamientos que los españoles establecieron en las nuevas tierras descubiertas, lo que inflamó la imaginación de unos conquistadores que soñaban con lejanos reinos y ciudades con incalculables riquezas. El rumor no tardó mucho tiempo en llegar a la vieja Europa, lo que inició una febril carrera por encontrar este reino conocido con el nombre de El Dorado, cuya denominación, así como su consolidación como leyenda, se la debemos a otro aventurero español: Sebastián de Belalcázar.

Este viejo veterano, llegado a América en 1498 durante el tercer viaje de Cristóbal Colón, desempeñó un papel destacado en

Balsa Muisca. Museo del Oro de Bogotá. La datación de esta excelente
pieza de orfebrería precolombina no es muy precisa. Los arqueólogos han
propuesto un largo período comprendido entre el año 600 y el 1600 d. C.
para una obra que representa la ceremonia que, según muchos, originó
la leyenda de El Dorado. En ella podemos observar a varias figuras sobre
una balsa que tiene unas dimensiones de 15,5 x 10,1 centímetros. Destaca
un personaje que parece ser el cacique, adornado con tocados y orejeras,
y unos individuos alrededor, identificados como su guardia personal, que
llevan los estandartes.

la colonización de la región andina a partir de 1530. Durante su
estancia en la ciudad de Quito, fundada por él en 1534, llegaron
hasta sus oídos ciertas habladurías referidas a un opulento cacique
que vivía cerca de Guatavita. Era la ocasión ideal, y no la dejó pasar. Organizó una importante expedición y puso rumbo hacia el
actual territorio de Colombia, remontó el río Cauca hasta que,
en 1539, llegó a la meseta de Cundinamarca, donde se produjo
uno de los acontecimientos más llamativos en toda la historia de
la búsqueda de este mítico tesoro. Allí se encontró con otros dos
grupos de conquistadores, que, cada uno por su cuenta y de forma

fortuita, se encontraron cara a cara obligándolos a forzar el paso para ser los primeros en llegar a este reino de fábula. Uno de ellos era el de Gonzalo Jiménez de Quesada, que ya empezaba a desesperar ante la falta de noticias; otro, el de Federmann, que venía a toda prisa desde Venezuela para no quedarse atrás; y el tercero, el de Belalcázar, del que ya hemos hablado.

Desde la distancia, Francisco Pizarro, conquistador del Imperio de los incas, no podía permitir que nadie socavase su autoridad, y por ello miró con desconfianza los progresos de Belalcázar en su búsqueda de El Dorado. Por eso envió a Quito a su hermano Gonzalo, con el cargo de gobernador y con la misión de encontrar no sólo este lugar, sino también otro mítico reino conocido como el País de la Canela. De esta forma, Gonzalo Pizarro, acompañado por el capitán Francisco de Orellana, organizó la que sería la mayor de las expediciones en busca del reino del oro y una de las hazañas más sorprendentes de toda la historia.

LAS GRANDES EXPLORACIONES EN BUSCA DE EL DORADO

La gran epopeya que protagonizó el valeroso conquistador extremeño Francisco de Orellana es, sin lugar a dudas, uno de los episodios más sorprendentes de todos los viajes de exploración realizados por los europeos durante los siglos xv y xvi. Su extraordinaria hazaña, a pesar de su aparente fracaso, sirvió para revelar al mundo un enorme e inexplorado territorio que, a día de hoy, sigue teniendo una importancia capital para la humanidad. Por este motivo, Francisco de Orellana merece ocupar un puesto especial en nuestra memoria histórica como el protagonista de una inolvidable aventura, que llevó a un grupo de españoles a recorrer por primera vez el gigantesco río Amazonas.

Afortunadamente, tenemos muchos datos para hacernos una idea de la magnitud de su viaje, debido en parte a la cantidad de cronistas que nos informaron de su biografía, algunos de los cuales conocieron al explorador en primera persona.

Es el caso de Gonzalo Fernández de Oviedo, cuya obra *Historia general y natural de las Indias* es fundamental para conocer su travesía.

La expedición de Gonzalo de Pizarro partió desde Quito a principios del 1540, y estaba integrada por cerca de trescientos españoles y unos cuatro mil indios, a los que debemos de sumar la gran cantidad de animales movilizados para semejante empresa. Según Gonzalo Fernández de Oviedo:

> Desde allí determinó de ir a buscar la Canela y a un gran príncipe que llaman El Dorado, de la riqueza del cual hay mucha fama en aquellas partes.
>
> Preguntado yo porque causa llaman aquel príncipe, cacique o rey Dorado, dicen los españoles que en Quito han estado, y aquí en Santo Domingo han venido […] que de esto se ha entendido de los indios, es que aquel gran señor o príncipe anda cubierto de oro molido y tan menudo como sal molida, porque le parece a él que traer otro cualquier atavío es menos hermoso.

Para este tipo de viaje, Gonzalo Pizarro solicitó los servicios de uno de sus hombres de confianza, y por eso, antes de partir rumbo hacia el este, dejó órdenes precisas de que Francisco de Orellana, que venía desde Guayaquil acompañado por una veintena de hombres y un puñado de caballos, lo alcanzara por el camino. Una vez juntos, Pizarro y Orellana afrontaron el espantoso cruce de los Andes, con tal mala suerte que en su momento más crítico se produjo un violento terremoto que provocó la muerte de algunos de sus hombres. A partir de ese momento, la marcha se hizo más lenta, más aún al atravesar la inhóspita selva, cruzar caudalosos ríos y combatir los ataques de unas feroces tribus hostiles. No sólo eso, a las pocas semanas los castellanos empezaron a sufrir enfermedades tropicales y las inclemencias de un clima y unos insectos que hicieron de esta travesía una auténtica prueba de fuego para unos hombres acostumbrados a lidiar con situaciones adversas.

Otro historiador español, Agustín de Zárate, en *Historia del descubrimiento y conquista de la provincia del Perú,* describió más adelante los terribles padecimientos soportados por los expedicionarios:

> Y después de partidos de estas poblaciones, pasó unas cordilleras de sierras altas y frías, donde muchos de los indios de su compañía se quedaron helados. Y a causa de ser aquella tierra falta de comida, no paró hasta una provincia llamada Zumaco, que está en las faldas de un alto volcán, donde, por haber mucha comida, reposó la gente, en tanto que Gonzalo de Pizarro, con algunos de ellos, entró por aquellas montañas espesas a buscar camino […] dejando Gonzalo Pizarro en esta tierra de Zumaco la parte de la gente, se adelantó con los que más sanos y recios estaban, descubriendo el camino según los indios les guiaban, y algunas veces por echarles de sus tierras les daban noticias fingidas de lo de adelante, engañándolos, como lo hicieron los de Zumaco, que les dijeron que más adelante había una tierra de gran población y comida, la cual halló ser falso, porque era tierra mal poblada, y tan estéril, que en ninguna parte de ella se podía sustentar, hasta que llegó a aquellos pueblos de la Coca, que era junto a un gran río, donde paró mes y medio, aguardando a la gente que en Zumaco había dejado […] Y así, fueron caminando por una montaña hasta la tierra que llamaron de Guema, que era algo rasa, y de muchas ciénagas y de algunos ríos, donde había tanta falta de comida, que no comía la gente sino frutos silvestres […]

Por fin, después de un año vagabundeando por lo más recóndito de la selva tropical, lograron llegar a un enorme río y decidieron construir una embarcación para desplazarse con mayor rapidez. Acuciados por la necesidad, movilizaron todos sus recursos e imaginación para fabricar un pequeño bergantín, valiéndose de la madera de los majestuosos árboles que los rodeaban y de los clavos que lograron extraer de las herraduras de sus caballos muertos. Pero las perspectivas no fueron buenas desde el principio, y además los indígenas les advirtieron de la existencia de enormes territorios despoblados, donde los españoles sólo podían esperar una muerte segura.

En un último intento por abarcar más terreno y encontrar una salida a tan crítica situación, los españoles decidieron dividirse en varios grupos. Francisco de Orellana tomó entonces la iniciativa y se ofreció para adelantarse con más de cincuenta hombres, cuyos nombres conocemos gracias a la obra de Oviedo, y así navegar río abajo para inspeccionar más rápidamente el lugar, a la espera de volver unos días después para recoger a Pizarro que, lentamente, empezó una penosa marcha hacia ningún lugar. Orellana logró llegar a la confluencia con el Aguarico y el Curaray, pero allí se quedó sin provisiones, algo que le obligó a tomar una drástica decisión. Ante la imposibilidad de remontar la fuerte corriente de los ríos, y convencido como estaba de la inminente sublevación de sus hombres, decidió no volver al encuentro de Gonzalo Pizarro.

La única posibilidad era navegar río abajo, pero para un viaje tan largo necesitó construir una nueva embarcación lo suficientemente grande como para poder recorrer cerca de cinco mil kilómetros a lo largo de los ríos Coca, Napo, Trinidad y, el más largo de todos, el Amazonas, donde entró en contacto con distintas culturas y grupos indígenas, pero que en ninguna ocasión le dieron la más mínima información sobre la ubicación del reino de El Dorado. Una de estas tribus recibió a los conquistadores de forma poco amistosa. Estaba formada por lo que ellos consideraron unas mujeres guerreras, que los atacaron con una inusitada habilidad en la utilización del arco. Del nombre de esta tribu derivaría después la denominación del río, pero hoy hay pocas dudas al considerar a estas guerreras, las amazonas, como un grupo de hombres barbilampiños y con el pelo largo, algo que confundió a unos conquistadores que, además, llevaban mucho tiempo sin comer; y sin *conocer mujeres.*

Después de siete meses de padecimientos, Francisco de Orellana llegó a la desembocadura del río Amazonas el 25 de agosto de 1542 para, posteriormente, regresar a España con más pena que gloria.

Ante la falta de noticias, Gonzalo Pizarro decidió dar media vuelta y regresar a Quito siguiendo una ruta distinta a la utilizada hasta ese momento. Después de dos años protagonizando

ITINERARIO DE LA EXPEDICION DE ORELLANA

una fatigosa y agónica aventura, logró por fin llegar al punto de partida acompañado por menos de cien hombres famélicos, enfermos y derrotados, pero con la sensación de haber tocado con la punta de sus dedos el límite de ese reino maldito por cuya búsqueda habían muerto ya tantos españoles.

El siguiente episodio importante en la búsqueda de El Dorado se produjo en 1560, cuando Pedro de Ursúa se decidió a buscar la ciudad de oro, pero esta vez dejándose llevar por los

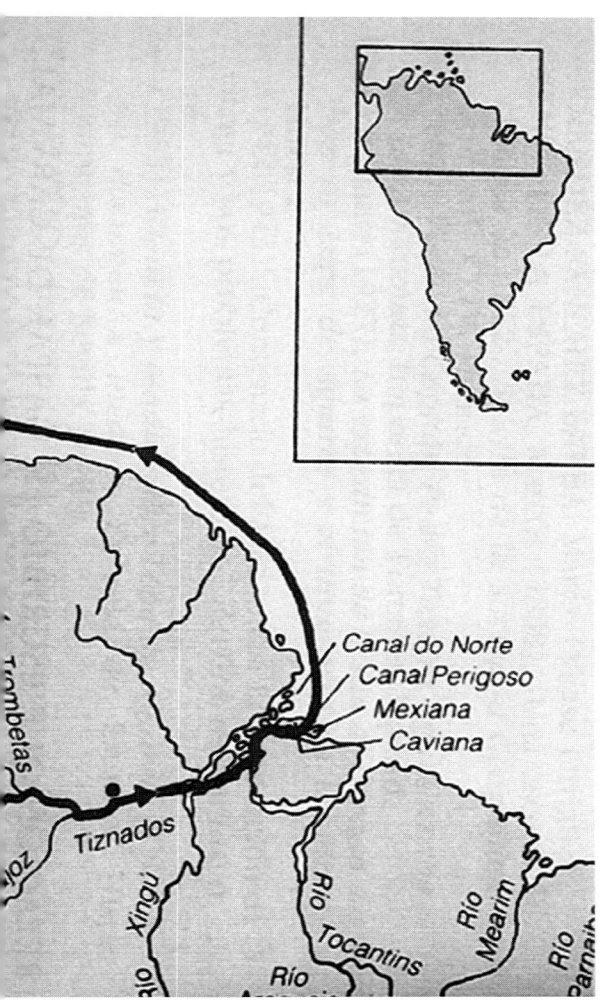

Aunque con una biografía menos conocida que la de otros descubridores, Francisco de Orellana protagonizó uno de los viajes más memorables de todos los tiempos. Aunque no logró descubrir el reino de El Dorado ni el País de la Canela, su gran epopeya sirvió para hacerse una idea de las grandísimas dimensiones de las tierras descubiertas. Fue, asimismo, el primer europeo que logró recorrer el inmenso Amazonas.

rumores que le habían llegado sobre la existencia de este mítico lugar en un punto próximo al que había explorado Orellana unos años atrás, más concretamente entre la región de Omagua y el Amazonas. La expedición partió de Lima, donde se habían congregado en los últimos años toda una legión de mercenarios, maleantes, delincuentes y forajidos que buscaban una buena oportunidad para hacerse con un puñado de dinero. No sabemos si este fue el detonante para que el virrey Andrés Hurtado de Mendoza organizase esta nueva búsqueda del legendario tesoro, pero de lo que no cabe duda es de que se aprovechó de ella, y por eso embarcó a todos estos individuos, unos trescientos en total, acompañados por esclavos negros y unos quinientos sirvientes indios, en barcos y canoas con dirección al Amazonas. De entre todos ellos, pronto destacaría uno de los personajes más mezquinos e indeseables en cuya personalidad se funden todos los males y los vicios que los europeos exportaron al Nuevo Mundo en los primeros años de la conquista: Lope de Aguirre.

Poco meses después de su partida, Ursúa fue asesinado por sus hombres, hartos como estaban de la selva, la incesante lluvia, las enfermedades tropicales y los indios belicosos, que, cada vez con mayor frecuencia, recibían de forma hostil a los conquistadores españoles. Parece demostrada la participación del Loco Aguirre en la planificación del asesinato, pero para mantenerse al margen de toda sospecha forzó la designación de Fernando de Guzmán como nuevo jefe del grupo expedicionario. Cuando lo tuvo todo atado y logró atraer hacia su causa a la mayoría de los españoles que participaron en este infame viaje, tal vez atemorizados por su vehemencia y atraídos por su inexplicable carisma, ordenó el asesinato de Guzmán, momento que supuso la puesta en práctica de su demente plan. Acompañado por 186 hombres, inició una sádica y delirante cadena de crímenes que sembraron de terror todas las poblaciones por las que fue pasando. Su objetivo no fue otro que construir una flota de barcos para alcanzar el Atlántico y, desde allí, dirigirse a las costas de Venezuela para desembarcar y marchar hacia el Perú y derrocar al virrey. Sumergidos en esa espiral de locura y terror, los expedicionarios firmaron una declaración de guerra al Imperio español y a su rey Felipe II, y también una proclama por la que se le otorgaba a Lope de Aguirre el título de príncipe de Tierra Firme del Perú y Chile.

Después de atravesar el río Amazonas, como en su día hizo el hidalgo castellano Francisco de Orellana, el Loco Aguirre llegó a la isla Margarita, que fue sometida a todo tipo de ultrajes, abusos, torturas y asesinatos, mientras su cabecilla se reafirmaba en su intención de independizarse de un Imperio español que ya había puesto precio a la cabeza de este despiadado monstruo. Cuando por fin desembarcó en el continente, Aguirre fue cercado en Barquisimeto por fuerzas leales al rey español, y viéndolo todo perdido, en una última demostración de su psicopatía, apuñaló y mató a su propia hija antes de que sus acompañantes, hastiados por su violencia, le diesen muerte y entregasen su cuerpo a los españoles. Siglos más tarde, un joven y vigoroso Simón Bolívar ensalzaba a este perverso personaje como uno de los primeros que había desafiado al poderoso Imperio de España. Ver para creer.

Fueron muchos más los que indagaron sobre la existencia del mito. Sabemos que incluso el hermano de santa Teresa de Jesús, Agustín de Ahumada, pidió permiso a Felipe II para iniciar su búsqueda en 1582. Pero hay más. Antonio Sedeño, gobernador de Trinidad, recordado por utilizar sus campañas de exploración para capturar indígenas y venderlos como esclavos, murió mientras buscaba la ciudad de oro en 1538. Lo mismo le ocurrió a Rodríguez Álvarez Palomino, a García de Lerma y a Gerónimo de Ortal, que agonizó después de ser alcanzado por unas flechas envenenadas de los indios. Algo más de suerte tuvieron Pedro Malava de Silva y Diego Fernández de Serpa. Ambos pudieron regresar a sus casas después de deambular durante años por las inhóspitas selvas tropicales. A partir de entonces, muchos otros exploradores españoles, pero también ingleses, portugueses, franceses y alemanes, continuaron buscando este lugar, pero ahora bajo distintas denominaciones como Paititi, las Siete Ciudades de Cíbola, la Ciudad de los Césares y Manoa, en zonas diversas como el Amazonas, los Andes, la laguna Guatavita, el Caribe o en el norte del Virreinato de Nueva España.

Dicen las malas lenguas que a Antonio de Berrio le empujó el ansia de riquezas de su mujer, María de Oruño. En esta ocasión, decidió probar suerte en la cuenca del Orinoco, motivado por las indicaciones de un grupo de indios y sus advertencias sobre la existencia de una ciudad dorada situada al otro lado de las montañas, junto al lago Parime, cuyo nombre era Manoa. Lo intentó en tres ocasiones, recorriendo todos los afluentes, por muy pequeños que fuesen, del gran Orinoco, para darse siempre de bruces contra los farallones del macizo de la Guayana. Cuando se dio por vencido, volvió a su base en Puerto España, donde, desgraciadamente, fue capturado por un corsario inglés cuyo nombre es ya familiar para nosotros: *sir* Walter Raleigh. Nada más conocerse, Berrio entusiasmó al pirata con sus relatos sobre El Dorado y la ciudad de Manoa, y por eso Raleigh, convencido de su existencia, empezó a dar forma a una nueva expedición para encontrar todas esas riquezas.

Sir Walter Raleigh fue el último de los grandes exploradores relacionados con la búsqueda de El Dorado. Su intención fue internarse por la selva amazónica de la Guayana para comprobar, por sí mismo, si la información proporcionada por Berrio era verídica o no. Por ese motivo partió en 1595, con el consentimiento de su reina y amante Isabel I, desde el puerto de Plymouth con una impresionante flota compuesta por cinco barcos y unos cien hombres. Después de una apacible travesía, llegó al delta del Orinoco y desde allí se adentró río arriba para pasar unos meses buscando la legendaria Manoa, sin ningún tipo de resultados. Mientras tanto, y por indicaciones de la lujuriosa reina inglesa, se dedicó a matar al mayor número de españoles posibles, y a incendiar y saquear algunas poblaciones como Caracas, cuyos habitantes fueron víctimas de un terror inusitado. Según dicen los cronistas, Raleigh llegó a convivir con una tribu indígena e incluso trató de cerrar con ellos una alianza para desalojar a los españoles. Pero el tiempo jugaba en su contra, y tuvo que volver a Inglaterra para preparar una expedición mucho mayor.

A su regreso encandiló a todo aquel que se detenía para escucharle asegurando, una y otra vez, que la ciudad de Manoa existía, que era posible establecer una alianza con los indígenas para luchar contra el poderoso Imperio español y que los alrededores del río Orinoco se hallaban inundados de oro. Con una gran expectación, aun basándose en unos alienados proyectos de conquista y descubrimiento, el corsario volvió a salir de Plymouth en 1617, pero esta vez con trece barcos y más de mil hombres. En esta ocasión, los españoles estaban preparados para recibir el golpe. En uno de los enfrentamientos producidos en la

Retrato de Walter Raleigh. En el siglo XVI, la monarquía británica no tenía la fuerza suficiente para enfrentarse al Imperio español en una guerra abierta. Por ese motivo, la reina inglesa Isabel I recurrió a una controvertida política que le dio notables resultados en su lucha por intentar disminuir el poder de los españoles en el Nuevo Mundo. Con su beneplácito, una serie de piratas y corsarios empezaron a causar estragos en los barcos y ciudades hispanas, cuya población fue víctima de asesinatos, violaciones y atropellos. Uno de estos piratas tuvo como objetivo la búsqueda de una ciudad dorada llamada Manoa.

ciudad de Santo Tomé murió el hijo de Raleigh, y poco después se suicidó su mano derecha, el sargento Kaymis. Para colmo de males, la ciudad perdida seguía sin dar muestras de su existencia y por eso, en junio de 1618, vencido y abandonado por todos, decidió regresar a Inglaterra, donde le esperaba una nueva humillación.

Lógicamente, los españoles enviaron una delegación a Londres para protestar por las barbaridades que los matones a sueldo contratados por el Gobierno inglés estaban provocando entre la gente inocente en el otro lado del océano. Isabel I, que temía despertar las iras de su más temido enemigo, en un vergonzoso, indecente e inmoral acto de cobardía, se despreocupó por la suerte de su antiguo amante y les ofreció a los españoles la cabeza de Raleigh para que pagase con su vida algo que ella misma había provocado.

Mientras todo esto pasaba, decenas de expediciones peinaban la región de los Andes, las selvas del Orinoco, la cuenca amazónica y la laguna Guatavita. La extensión de más rumores provocó la aparición de nuevas leyendas, como la de las Siete Ciudades de Cíbola, responsable directa de la irrupción de los españoles en las tierras meridionales de los actuales Estados Unidos. Todo empezó en 1528, y tuvo como protagonista a uno de los personajes que, sin duda, más han caminado de toda la historia: Alvar Núñez Cabeza de Vaca. En este año, los pocos supervivientes de una insensata expedición por la península de Florida iniciaron una increíble odisea que los llevó a caminar durante algo más de ochos años por todo el sur de Estados Unidos y recorrer unos ocho mil kilómetros con el único deseo de regresar a la civilización.

Cabeza de Vaca, acompañado por el moro Estebanico y el resto de sus hombres, tuvo que superar las barreras que le imponía un inhóspito paisaje con zonas pantanosas infestadas de mosquitos, interminables estepas y desiertos poblados por indios belicosos. Finalmente, tras muchas peripecias, logró regresar a México y allí contó sus increíbles *andanzas* con tanto entusiasmo que, desde ese mismo momento, empezó a tomar consistencia el mito de las Siete Ciudades de Cíbola y Quivira, repletas de oro y similares a El Dorado de las tierras andinas.

El virrey de Nueva España organizó una nueva expedición para ir en su búsqueda, al frente de la cual iba fray Marcos de Niza, acompañado por Estebanico. Entre los dos consiguieron descubrir el país de los zuñis, en Nuevo México, compuesto por una serie de pequeños poblados dispersos junto a un río, que fueron interpretados como las Siete Ciudades de Cíbola. Poco después, el moro o negro Estebanico, como también se le conocía, murió asaetado por las flechas de unos indígenas hostiles que provocaron la huida en desbandada de los españoles. De vuelta en Nueva España, el reducido grupo de supervivientes trató de justificar su aventura magnificando todo aquello que habían visto en los últimos meses, y lo hicieron con tanto convencimiento que se organizó un nuevo intento, pero este de mayor envergadura.

En esta ocasión, Coronado partió en 1540 con cerca de cuatrocientos españoles y ochocientos indios; y, para evitar sufrir los padecimientos y las hambrunas sobre las que tanto habían oído hablar, se hicieron acompañar por varios centenares de cerdos y ovejas para cuando apretase la necesidad. No sin esfuerzo lograron atravesar el desierto de Arizona, seguidos bien de cerca por una enorme piara de gorrinos famélicos, para llegar al lugar señalado por fray Marcos, donde sólo había unas misérrimas aldeas de adobe construidas por los zuñi. No cabía duda, fray Marcos les había tomado el pelo, porque allí no había ninguna ciudad como dos Sevillas, con bellas catedrales con doradas cúpulas resplandecientes y puertas de turquesa. Con un enfado enorme, Coronado conquistó esa pordiosera Cíbola mientras sus hombres reían entre dientes, pero no contento con eso, y resuelto a no volverse con las manos vacías, decidió dividir su contingente para continuar explorando en busca de su quimera. Junto con su inseparable Hernando Alvarado, recorrió buena parte del territorio norteamericano; fueron recordados como unos magníficos exploradores que descubrieron extensas zonas desde el Gran Cañón del Colorado, hasta las praderas de Kansas y Oklahoma. Pero no encontraron nada que les pudiese recordar a El Dorado y a la soñada ciudad de oro.

LA ARQUEOLOGÍA Y EL DORADO

No todos los intentos por descubrir El Dorado fueron protagonizados por estos entusiastas conquistadores. Ya, en 1580, un comerciante de Santa Fe de Bogotá, llamado Antonio de Sepúlveda, trató de solucionar el problema con el que tantas veces habían

La expedición de Coronado 1540 - 1542

tenido que lidiar los que investigaron en Guatavita. Para ello recurrió a un ingenioso plan. Su idea consistía en abrir una enorme zanja, con la ayuda de unos ocho mil trabajadores indígenas en el borde de la laguna, para poder dragar sus aguas y hallar las riquezas del hombre dorado del que tanto hablaban los españoles. En un principio, la cosa pareció ir bien, más aún cuando logró hacer descender el nivel de sus aguas en ocho metros; pero en una segunda etapa las paredes del canal se vinieron abajo, sepultando a muchos de los infelices obreros que se encontraban trabajando en la zanja. A pesar de todo, Sepúlveda logró extraer una considerable cantidad de metales preciosos, valorados en algo más de doce mil pesos, que para la época era toda una fortuna, y algunas piedras preciosas de gran tamaño, entre las que destacaba una enorme esmeralda que entregaría a Felipe II.

La expedición de Coronado. Aunque jamás pudo encontrar nada que le recordase al famoso mito de las Siete Ciudades Perdidas de Cíbola, la expedición de este ilustre salmantino permitió conocer una enorme porción de tierra al norte de Nueva España, un hecho fundamental para explicar la influencia de la cultura española en el sur de los Estados Unidos.

En los años posteriores siguieron teniendo prioridad unas expediciones torpemente organizadas cuyo único objetivo era comprobar la veracidad de unos rumores que hablaban sobre lugares de leyenda. Pero a partir de 1799 se produce un cambio de rumbo, con el inicio de unos nuevos trabajos de investigación con carácter científico, dirigidos por el prestigioso investigador Alexander von Humboldt, uno de los padres de la geografía moderna. Este polifacético científico alemán pasó dieciocho meses explorando la cuenca del río Orinoco para llegar a la conclusión de que El Dorado no existía. Unos años más tarde, asombró a todo el mundo cuando, después de investigar sobre la antigua leyenda, esta vez en las cercanías de Bogotá, aseguró que el lecho de la laguna Guatavita albergaba un enorme tesoro valorado en trescientos millones de dólares.

Dicha suposición favoreció la existencia de nuevos intentos de dragar la laguna, entre ellas la del inglés Hartley Knowles en 1898 y la de una empresa europea que utilizó bombas de dragado a principios del siglo xx, pero sin resultados positivos. Y así continuó hasta 1965, cuando el Gobierno colombiano prohibió definitivamente este tipo de actividades en la laguna alegando preocupaciones medioambientales.

En 1906 brilló con luz propia un nuevo explorador y aventurero británico, Percy Fawcett, que inspiró la creación del famoso arqueólogo cinematográfico, Indiana Jones. En este año, Fawcett se encontraba realizando unos trabajos de medición cartográfica en la frontera entre Bolivia y Brasil, y allí tomó contacto con la leyenda de El Dorado, y se convenció de que sus habitantes podrían ser los últimos representantes de la desaparecida Atlántida. Nunca se olvidó de esta romántica historia, por eso, en la década de los años veinte, volvió con un pequeño grupo de investigación, formado por él, su hijo y un reducido grupo de amigos, y se internó en el Mato Grosso para no volver a aparecer jamás. Los más ilusos llegaron a creer que Fawcett había logrado encontrar la ciudad de oro y que, entusiasmado por su esplendor, se había quedado a vivir en ella. La realidad fue bien distinta.

En épocas más recientes, la búsqueda se ha centrado en la zona de El Manú, al este de la ciudad de Cuzco, y ha quedado en manos, definitivamente, de arqueólogos e historiadores, convencidos de que la leyenda de El Dorado tiene un origen en una historia real, la de una ciudad llamada Paititi, situada en un contexto incaico.

Este fue el pistoletazo de salida para la organización de nuevas campañas durante toda la segunda mitad del siglo xx, en las que se llegaron a anunciar, en más de una ocasión, el descubrimiento de la ciudad perdida, especialmente en las selvas peruanas. Desgraciadamente, ninguno de estos anuncios se pudo confirmar científicamente, por lo que prosiguieron las investigaciones, algunas de las cuales terminaron de forma trágica. La de Serge Debru fue una de ellas. Este expedicionario franco-estadounidense fue exterminado por los indios huachipairi en 1970. Igual suerte corrió el antropólogo noruego Lars Hafsjold,

La laguna Guatavita fue uno de los primeros lugares donde se trató de ubicar El Dorado. A día de hoy sigue siendo visible la enorme zanja abierta por Sepúlveda a finales del siglo XVI.

desaparecido cerca del parque nacional Manu, en la zona del río Madidi, en 1997.

En los años setenta, un explorador chileno llamado Roland Stevenson creyó encontrar nuevas pistas al estudiar diversas pinturas de los indios Yanomani y los escritos de Walter Raleigh sobre su viaje. Roland Stevenson decidió adentrarse en la selva amazónica brasileña desde la ciudad de Manaus y, al poco tiempo, anunció una serie de descubrimientos relacionados con el legendario reino de El Dorado, como unas importantes construcciones de piedra, petroglifos con motivos andinos o caminos de estilo incaico por donde, según las leyendas, se transportaron enormes cantidades de oro hasta Cuzco. En 1987 decidió anunciar a la prensa el descubrimiento de la ciudad en la isla de Maracá, estado de Roraima, en el norte de Brasil, y al poco tiempo la Royal Geographic Society de Londres se presentó en el lugar con la intención de iniciar una investigación seria y rigurosa. Pero pasó el tiempo y los ánimos volvieron a calmarse, tanto que la espectacular noticia fue quedando en nada.

Retrato de Percy Fawcett. En 1925, Fawcett fue dado por desaparecido después de una larga búsqueda para encontrar sus restos. Muchos creen que murió en trágicas circunstancias a manos de alguna de las feroces tribus indígenas que se asentaban en el Mato Grosso. Otros opinan que murió por causas naturales mientras trataba de atravesar la selva brasileña. La última señal de Fawcett se produjo en 1925 cuando telegrafió a su esposa para comunicarle que se encontraba preparado para iniciar su búsqueda de la ciudad perdida, acompañado por su hijo Jack y Raleigh Rimmell. Nunca más se volvió a saber nada de ellos.

Los petroglifos de Pusharo. Aunque nunca han sido estudiados de forma científica, los petroglifos de Pusharo son únicos y, al parecer, esconden un extraño misterio cuya comprensión podría suponer la respuesta a una pregunta que hace mucho tiempo que nos planteamos. ¿Existió realmente la ciudad perdida de El Dorado? Este importante yacimiento arqueológico fue descubierto en 1921 por el misionero dominico Vicente Cenitagoya.

Ya en el siglo XXI, una nueva expedición se puso en marcha trazando un itinerario basado en un antiguo manuscrito del siglo XVI, escrito por un religioso español llamado Andrés López. Este documento fue encontrado unos años antes, en los archivos vaticanos, por el arqueólogo italiano Mario Polia. En él se narraba un viaje de diez días de duración entre la ciudad de Cuzco y la de Paititi, lo que probaría la existencia de esta ciudad en algún lugar desconocido de los Andes peruanos. Este nuevo grupo estaba formado por científicos de diversas nacionalidades, provistos de material de alta tecnología, y liderado por el polaco Jacek Palkiewicz, que en julio de 2002 anunció al mundo el descubrimiento de El Dorado en las profundidades de la selva amazónica peruana, y más concretamente entre los departamentos de Cuzco y Madre de Dios.

Poco a poco nos vamos acercando al final de una búsqueda que se ha prolongado durante quinientos años. En 2007, la historiadora Maritza Villavicencio y el arqueólogo Wilmer Mondragón descubrieron, en la zona norte de la Amazonía peruana, un enorme complejo de treinta ciudades pertenecientes a la cultura incaica y de Chachapoyas, datadas entre 1200 y 1400 después de Cristo.

En los últimos años ha tomado protagonismo una figura que se nos antoja clave para la comprensión de la leyenda. Nos referimos a Thierry Jamin, un arqueólogo francés cuya pasión por la historia de las civilizaciones precolombinas le llevó a instalar su morada definitiva en la ciudad de Cuzco, donde lleva años investigando en el interior de las selvas peruanas del Manu y realizando importantes descubrimientos relacionados con la desaparecida ciudad dorada. Uno de estos importantes hallazgos se produjo cuando encontró una sucesión de gigantescos petroglifos de treinta metros de largo por ocho de alto, conocida como el Pusharo, así como unos geoglifos situados cerca de ellos. De ahí partió su hipótesis, que afirma que en la zona del Manú se encontraba una gran ciudad inca, aún no descubierta, que podría ser el mítico Paititi; y más sorprendente todavía: el petroglifo de Pusharo podría ser un mapa, una especie de clave oculta, cuya comprensión sería vital para resolver el misterio.

Capítulo 4
Los grandes tesoros americanos

EL ORO DE MOCTEZUMA

Las noticias procedentes de América despertaron el interés de muchos españoles, ávidos de gloria y sensaciones fuertes, por embarcarse en una nueva aventura y lanzarse en busca del oro. Pero, entre todos los tesoros que se podrían encontrar en las nuevas tierras descubiertas, había uno cuya posesión ha sido codiciada por todos los hombres desde que el ser humano tuvo consciencia de sí mismo. Me refiero al don de la inmortalidad, y ese es el que trató de encontrar el vallisoletano Juan Ponce de León, cuya obsesión fue encontrar la fuente de la eterna juventud.

Su epopeya sirve como ejemplo de lo que en páginas anteriores anunciábamos. Con el descubrimiento del nuevo continente, los europeos trataron de extrapolar sus mitos y sus antiguas creencias y quimeras hacia un mundo que se consideraba mágico. Pero Ponce de León era mucho más que un inquieto soñador. Sus indiscutibles virtudes militares le hicieron merecedor de un digno reconocimiento entre los españoles asentados en la isla de La Española. Esto le permitió ocupar un puesto de responsabilidad en la conquista y colonización de Puerto Rico, ciudad de la que más tarde llegó a ser gobernador. Fue en esta isla donde escuchó, por primera vez, la asombrosa historia sobre Bimini, narrada por unos indígenas amistosos y, según la cual, en esta lejana isla, situada hacia poniente, existía un vergel de aguas cristalinas donde se podía obtener el don de la eterna juventud. No se lo pensó dos veces. Ponce de León fletó tres barcos con los que recorrió durante varios meses las costas del golfo de México sin encontrar la dichosa isla hasta que un día, inesperadamente, llegó a la península de Florida. Como las provisiones empezaban a escasear, decidió dar media vuelta y dejar para más adelante la búsqueda de su propia inmortalidad.

Esto no desanimó al fiero Ponce de León. Dispuesto a cumplir con su sueño, decidió regresar a España para preparar una gran expedición con la que conquistar esas nuevas tierras, en cuyo interior tendría que estar Bimini. Tras recibir el título de adelantado partió de nuevo en 1521 con varios barcos y un importante contingente de hombres. Pero, al desembarcar en las costas norteamericanas, fueron recibidos con un feroz ataque de los indios semínola, unos iracundos aborígenes expertos en el uso del arco que, tras varios días de combate, lograron alcanzar al capitán español, hiriéndole de muerte y dando al traste con su búsqueda. Ponce de León, que había llegado a Florida para encontrar la inmortalidad, murió pocos días después tras sufrir indescriptibles dolores. Una nueva ironía del destino que se cobró la vida de tantos indómitos españoles, cuya férrea voluntad y valentía permitieron el nacimiento de uno de los imperios más extraordinarios jamás conocidos.

Uno de los más destacados protagonistas en la conquista del Nuevo Mundo fue Hernán Cortés, artífice de una nueva epopeya que le permitió a España incorporar los territorios del inmenso y poderoso Imperio de los aztecas. El futuro conquistador nació en 1485, en la localidad de Medellín, Badajoz, en el seno de una familia noble, pero sin demasiados recursos económicos. Por este motivo, sus padres se vieron obligados a realizar un importante esfuerzo para proporcionar una educación adecuada a

Hernán Cortés fue el artífice de una de las mayores gestas militares de la historia. A él se le debe la conquista del Imperio azteca, uno de los más poderosos de la América precolombina, gesta que realizó acompañado por un pequeño destacamento compuesto por quinientos españoles. Su férrea determinación y el ansia por superar los límites del mundo conocido fueron determinantes para completar su sueño y su sed de reconocimiento.

un hijo, cuyas virtudes vaticinaban un futuro esperanzador. Pero el niño les salió golfete, y durante sus dos años en la Universidad de Salamanca no fue ajeno a los amoríos, las irrefrenables ganas de disfrutar de la vida, el afán por el vino, la fiesta y las mujeres, aunque también destacó por una fuerte personalidad y una férrea determinación de ver saciada su sed de aventuras.

A los diecinueve años volvió a su pueblo natal, y allí escuchó maravillosas narraciones que le llevaron a tomar una decisión cuyas consecuencias nadie pudo anticipar. En 1504 marchó hacia la isla de La Española, se instaló bajo la protección de Nicolás de Ovando y se convirtió, desde el primer momento, en un personaje muy popular, al revolucionar la vida nocturna de la capital, con sus interminables juergas en las que no faltaban los juegos de cartas y la narración de historias que sumergían a sus espectadores en un mundo de fantasía. Fue pasando el tiempo, y la fortuna de Cortés se incrementó gracias a la realización de fabulosos textos memoriales en los que reflejó sus cualidades para la escritura; y en 1511 partió, junto con Diego Velázquez, hacia la conquista de Cuba, lugar donde terminó convirtiéndose en un poderoso hacendado. A pesar de todo, algo en su interior le seguía empujando hacia la realización de nuevas aventuras. Y la oportunidad no iba a tardar en presentarse.

Desde Cuba, los recién llegados fueron conscientes de la existencia de una cultura superior en la zona continental. A sus oídos llegaron noticias de la existencia de unas ciudades bien organizadas, defendidas por unos indios belicosos dispuestos a ofrecer resistencia para salvar su modo de vida. Y, aún más importante, esos nuevos pueblos parecían tener oro, mucho oro, algo que despertó la codicia de los conquistadores. En 1518 zarpó una primera flota que rastreó el litoral mexicano, especialmente la península de Yucatán, lo que puso sobre aviso a unos aztecas que no dudaron en mandar un detallado informe a su rey Moctezuma II, que cayó presa del pánico.

Este fue el pistoletazo de salida para la conquista de México, una ardua labor para la que los españoles contaron con la ayuda de los dioses y de antiguas profecías. Este es un acontecimiento constatado desde el punto de vista historiográfico y que ha llenado de confusión a todos los investigadores que se han enfrentado a su misterio. Según una antigua leyenda, el dios Quetzalcóatl visitó en tiempos antiguos a los aztecas y predicó una religión basada en el amor y en la bondad. En La huella de los dioses, Graham Hancock relaciona esta divinidad con otras conocidas del continente americano, curiosamente con características similares, como el Viracocha de la región andina o el Itzamana de los mayas. En otros lugares, Quetzalcóatl recibió nombres distintos, así en Chichen Itzá era conocido como Kukulcan y entre los mayas quichés era Gucumatz, pero en todos los casos su traducción sería la misma: «serpiente emplumada». En este libro, el autor ofrece la siguiente descripción:

> Se decía que Quetzalcóatl había llevado a México las artes y ciencias necesarias para crear una vida civilizada, inaugurando así una época dorada. Según afirma la tradición, había introducido los conocimientos de la escritura en Centroamérica, había inventado el calendario y había sido un maestro constructor que enseñaba a la gente los secretos de la albañilería y la arquitectura. Era padre de las matemáticas, la metalurgia y la astronomía, y afirmaba haber medido la Tierra.

Como vimos, estos dioses o héroes civilizadores se caracterizaban por ser barbudos, blancos y vestidos con largas túnicas. Cuando terminó su labor decidió embarcarse, no sin antes prometer que volvería algún día para reestablecer un reino de paz y bondad. De esta forma, Quetzalcóatl partió a bordo de una balsa confeccionada por serpientes con rumbo desconocido hacia el interior del océano Atlántico. Lo realmente curioso es que, en su profecía, fechó el año de su retorno en el Ce Acatl, que traducido a nuestro sistema calendárico es 1519 o, lo que es lo mismo, ¡el mismo año en que Hernán Cortés desembarcó en México para iniciar la conquista del Imperio azteca! Una perversa coincidencia que muchos se niegan a aceptar como tal.

Pero no adelantemos acontecimientos. En 1518, Moctezuma cometió el primero de los muchos errores que le costaron primero el reino y después la vida. Para ganarse la confianza de

Encuentro de Moctezuma con Cortés. El recibimiento de Cortés por parte de los aztecas fue amistoso. Después de todo, las antiguas profecías habían vaticinado el regreso del dios Quetzalcóatl en el mismo año en que Cortés pisó por primera vez la ciudad de Tenochtitlan. Los aztecas no tardaron mucho tiempo en darse cuenta de su error; los recién llegados no eran dioses y, por lo tanto, se les podía combatir.

los españoles, les obsequió con una enorme cantidad de regalos, muchos de oro, una acción que sólo sirvió para reforzar las intenciones de los conquistadores; por eso, pocos meses después, Velázquez y Cortés organizaron una importante expedición con la que completar la gesta.

En 1519, Hernán Cortés partió definitivamente acompañado por más de quinientos hombres y unos cuantos caballos y piezas de artillería, embarcados en once pequeños barcos, con la intención de desembarcar en territorio tabasqueño, donde tuvieron que vencer la resistencia de un enorme ejército compuesto por más de doce mil guerreros. Impresionados por la fortaleza de los europeos, los enviados de Moctezuma volvieron a agasajar con regalos a los castellanos mientras Cortés advertía a sus hombres que eso no era nada comparado con lo que podían encontrar en su capital, Tenochtitlan, cuya captura empezó a planificarse de inmediato.

Para tal efecto contaron con la ayuda de los grupos indígenas desafectos con la ocupación azteca, cuya brutalidad provocó el nacimiento de importantes focos de rebelión aprovechados oportunamente por los españoles. La hueste de Cortés se puso en marcha a mediados de 1519; y, tras una penosa marcha en la que tuvieron que superar una auténtica barrera montañosa de cinco mil metros de altura, lograron, por fin, divisar a lo lejos la magnífica ciudad de Tenochtitlan. Hacia allí se dirigieron los hombres de Cortés, entrando en una ciudad que no opuso ningún tipo de resistencia, y cuyo rey, Moctezuma, se dispuso a recibir a los recién llegados con todos los honores.

Los españoles fueron acogidos con extrema generosidad, pero pronto los problemas empezaron a multiplicarse. Una noche, los hombres de Cortés se internaron en el templo del dios Huitzilopochtli y descubrieron horrorizados la práctica de un macabro ritual consistente en el sacrificio de seres humanos para mantener contentos a unos dioses sedientos de sangre. Ante dicha situación, y preocupados por la posibilidad de que ellos mismos fuesen protagonistas involuntarios de tan inhumano espectáculo, decidieron capturar al rey Moctezuma. Mientras todo esto ocurría, se produjo el desembarco en las costas mexicanas de Diego Velázquez, que llegó dispuesto a cobrarse venganza por la traición de la que fue víctima por parte de Cortés. Su tropa, dirigida por Pánfilo de Narváez, avanzó con presteza con la seguridad que le ofrecía su incontestable superioridad numérica; pero, para asombro de todos, los hombres de Cortés, recurriendo a una auténtica guerra de guerrillas, consiguieron derrotar a sus enemigos, lo que provocó la huida de Narváez y la incorporación a sus filas de los antiguos soldados de Diego Velázquez. Ahí no acabó todo.

Cuando Cortés regresó a Tenochtitlan se encontró ante una situación insostenible. Los aztecas, cansados de la prepotencia de los españoles y advertidos sobre la naturaleza humana de unos individuos que al principio consideraron dioses, se encontraban a un paso de la rebelión. Toda su ira fue descargada sobre Moctezuma, apedreado hasta la muerte por considerarle una marioneta en manos de unos españoles que, ante la inminencia del levantamiento, optaron por abandonar la ciudad. Envueltos en la oscuridad, trataron de salir de Tenochtitlan haciendo el menor ruido posible, pero esta vez la suerte fue esquiva con el extremeño, y los aztecas cayeron sobre su ejército, lo que causó la muerte de seiscientos de sus hombres en la famosa Noche Triste y la captura de otros cien que al día siguiente fueron salvajemente sacrificados en honor a sus dioses.

Derrotados y con escasas posibilidades de supervivencia, los castellanos retrocedieron con enormes dificultades hasta hacerse fuertes en la localidad de Otumba, donde se iba a producir la batalla final que decidió la suerte de México. Allí, cuatrocientos españoles se tuvieron que enfrentar a treinta mil guerreros aztecas en un choque claramente desnivelado, pero cuya sorprendente victoria cayó del lado español, después de una heroica carga de caballería encabezada por Cortés. No se podía hacer nada contra los nuevos conquistadores; los castellanos parecían dioses y, por lo tanto, no merecía la pena seguir oponiendo resistencia.

Poco antes de su muerte, el rey Moctezuma mandó sacar de la capital sus más fabulosos objetos de oro y plata, también sus joyas, para salvaguardarlos de las manos de Cortés y sus soldados. Según cuenta la leyenda, la caravana recorrió unas 275 leguas hacia el norte de Tenochtitlan, giró hacia el oeste entre altas montañas y llegó hasta un lugar desconocido donde poder enterrar este enorme tesoro. Antiguas leyendas aseguran que este debió de depositarse en una caverna situada en un gran cañón de la Sierra Madre.

El problema, como suele ocurrir, es que su ubicación exacta no es fácil de comprender. No obstante, una buena parte de los investigadores apuntan hacia este mismo lugar por varios motivos. En primer lugar, en Sierra Madre hay muchos relatos que recogen esta noticia. Además, se sabe que a principios del siglo XVI era un lugar poco poblado, por lo que era idóneo para esconder un tesoro. Otra de las posibles razones para ocultarlo allí fue el hecho de que en la zona se hablase la misma lengua que los aztecas y que, además, estaba a una distancia razonable desde la ciudad de Tenochtitlan.

Otros apuntan algo más hacia el norte, al estado de Nuevo México, donde los indios pueblo llaman a sus viviendas «castillos de Moctezuma», aunque esta interpretación parece totalmente aleatoria. En este mismo estado se encuentra la localidad de Taos. En este pequeño pueblo aún se puede escuchar una antigua leyenda que habla de los orígenes del pueblo azteca y que asegura que el tesoro de Moctezuma fue llevado hasta allí en 1520.

También en Estados Unidos y, más concretamente, en la localidad de Kanab (Utah) se ha buscado durante mucho tiempo el oro del rey azteca. A este emplazamiento llegó, en 1914, un buscador de tesoros llamado Freddy Crystal, que había estado estudiando durante años unos petroglifos que hacían entrever la posibilidad de que el tesoro de Moctezuma estuviese en este pueblo. Al parecer, el propio Crystal localizó una especie de mapa del tesoro, realizado por un fraile español, donde se ofrecían nuevas pistas de su ubicación.

Con tan magníficas expectativas comunicó la noticia a un tal Robinson, y ambos prepararon una expedición a la que se le perdió la pista mientras rastreaba toda la zona limítrofe entre Utah y Arizona. Ante el asombro de todo el mundo, Freddy Crystal volvió, inesperadamente, a dar señales de vida ocho años más tarde, en 1922, y dijo a todo el mundo que había encontrado el tesoro de Moctezuma, por lo que sería necesaria una nueva campaña, esta vez hacia el cañón de la montaña blanca donde, una vez más, no hubo ni rastro del oro.

Los españoles no tuvieron ningún tipo de noticia sobre las más apreciadas riquezas evacuadas por el rey azteca antes de la toma de Tenochtitlan. No pasó lo mismo con el resto, ya que el oro de los aztecas no estuvo formado por un solo tesoro, sino por varios, y sobre dos de ellos sí que tenemos información precisa. Se sabe que una buena parte fue capturada por Cortés y enviada a España, con tal mala suerte que cayó en poder de un pirata francés que merodeaba por nuestras costas. Otra parte fue amasada por los conquistadores, pero su rastró se perdió con los hechos que desencadenaron la famosa Noche Triste, a la que anteriormente hemos hecho mención. Expliquemos por qué.

Después de la entrevista entre Cortés y Moctezuma II, los españoles se establecieron en el palacio de Axayacatl. Una de sus primeras decisiones fue erigir un altar cristiano en el interior del

Templo Mayor de Tenochtitlan, pero la negativa del soberano azteca les hizo cambiar de planes. Decididos a llevar a cabo su proyecto, eligieron como nuevo emplazamiento el interior del palacio donde estaban alojados, y fue en ese momento cuando protagonizaron un descubrimiento asombroso. Después de recorrer las maravillosas estancias del edificio tratando de encontrar el lugar más apropiado para el altar, Alonso Yáñez halló una puerta tapiada en la que permanecía escondido un nuevo y portentoso tesoro. Así lo narró Bernal Díaz del Castillo, uno de los conquistadores presentes en la expedición, y cuyos escritos son fundamentales para conocer esta historia:

> Cuando miramos adonde mejor y en más conveniente parte habíamos de hacer el altar, dos de nuestros soldados, que uno de ellos era carpintero de lo blanco, que se decía Alonso Yáñez, vio en una pared una como señal de que había sido puerta, que estaba cerrada [...] secretamente se abrió la puerta: y cuando fue abierta, Cortés con ciertos capitanes entraron primero dentro, y vieron tanto número de joyas de oro e planchas, y tejuelos muchos, y piedras de chalchihuites y otras grandes riquezas, y luego lo supimos entre todos los demás capitanes y soldados, y lo entramos a ver.

Lo hallado fue el tesoro de Axayacatl, padre del soberano azteca, y este sí que se sabe que quedó en manos de los españoles hasta que los acontecimientos se precipitaron durante la Noche Triste. Una de las más serias preocupaciones de Cortés fue encontrar una solución que le permitiera conservar el magnífico tesoro, pero al final tuvo que darse por vencido. Según Bernal Díaz del Castillo, Cortés llamó finalmente a su secretario para levantar testimonio de que ya no se podía hacer nada más por conservar esa enorme riqueza valorada en más de setecientos mil ducados. De esa cantidad se tendría que descontar una quinta parte reservada al rey español, unos ciento treinta mil pesos de oro que quedaron al cuidado de su criado Cristóbal de Guzmán y otros hombres de su entera confianza. El resto fue cargado por los soldados españoles ansiosos por salir de esta ciudad maldita. Pero la huida silenciosa de Tenochtitlan se terminó convirtiendo en una desastrosa desbandada, aprovechada por los guerreros aztecas para dar caza a los españoles, que cayeron en gran número no sin antes perder todo el oro que llevaban consigo y del que, desde entonces, se perdió su rastro.

¿Adónde fueron a parar las joyas y los metales preciosos perdidos por los castellanos durante esa noche de infame recuerdo? Según Bernardino de Sahagún, autor del siglo XVI, y la crónica de Fernando Alva Ixtilxóchitl, del siglo XVII, los indígenas recogieron todo lo que los españoles se habían dejado en su huida. Esta información coincide con la famosa probanza redactada por Cortés en Tepeaca, en la que respondía a una serie de preguntas ante Juan Ochoa de Elejalde y un buen número de testigos, y que se conserva en un documento del Archivo General de Indias, donde se reconoce la pérdida del tesoro: «Por quanto al tiempo que el dicho señor capitán salió de la çibdad de tenus-titán [Tenochtitlan] por la guerra que los indios della le hizieron se perdió mucho oro fundido y joyas de su alteza que el dicho señor capitán tenía para enviar a sus majestades e por lo salvar fizo todo lo que le fue posible».

Después de su sorprendente victoria en Otumba, los españoles volvieron a Tenochtitlan decididos a encontrar su oro. Pero la tarea iba a ser complicada. Para conocer su paradero, Julián Alderete, uno de los hombres de Cortés, ordenó la tortura del último emperador azteca, Cuauhtémoc, que consistió en sumergir sus pies en aceite hirviendo. Lógicamente, el desdichado rey terminó confesando una información que a día de hoy conocemos por Bernal Díaz del Castillo: «Cuatro días antes que le prendiesen echaron a la laguna todo el oro, tiros, escopetas, ballestas [...] y fueron donde Cuathemoc había señalado y se zambulleron varios nadadores y no encontraron nada».

A pesar del éxito obtenido por los castellanos en la conquista de lo que después sería conocido como el Virreinato de Nueva España, Cortés no tuvo la misma fortuna a la hora de apoderarse de parte de las enormes riquezas acumuladas en Tenochtitlan antes de la conquista. Del magnífico tesoro de Moctezuma no se sabía nada, aunque, como ya indicamos anteriormente, todo parecer indicar que abandonó la capital azteca en 1520. El resto del tesoro que, según los aztecas, se habría arrojado a una de las lagunas antes de la definitiva conquista española de la ciudad tampoco fue hallado, lo que inició una larga búsqueda que ha llegado hasta nuestros días. Muchos dudaron de esta posible ubicación del oro de Axayácatl por motivos evidentes. Cabe suponer que los aztecas, después de su inapelable derrota ante los castellanos en Otumba, debieron de considerar perdidas todas las posibilidades de supervivencia; por ese motivo, es lógico suponer que su principal preocupación, como suele ocurrir en este tipo de casos, fue poner a buen recaudo los objetos de mayor valor que aún conservaban en Tenochtitlan. Esta teoría la sustenta la actitud de Hernán Cortés, que ya no quería más sorpresas y que, por lo tanto, decidió planificar con tiempo la conquista de la capital, algo que indudablemente favoreció la evacuación del tesoro. Esta hipótesis es la más lógica, más aún si tenemos en cuenta los intentos por descubrir su paradero durante los siglos posteriores.

El primero se produjo en 1575 cuando Martín Cortés, hijo del afamado conquistador, recibió las noticias de unos indígenas de Oaxaca en las que le informaban de la ubicación del oro perdido de los aztecas en sus tierras. Inmediatamente solicitó al rey español Felipe II un contrato para su búsqueda en el que Cortés se comprometía a dar una buena parte de lo descubierto a su soberano. Para nuestra desgracia, los resultados de esta empresa son desconocidos debido a la falta referencias y el vacío documental.

El ansia por desvelar las claves de este enigma siguió vigente en el siglo XVII. Inmediatamente, en 1637, se presentaba ante el virrey de Nueva España un indígena llamado Francisco de Tapia, que le mostró una pintura que ofrecía información sobre la posible localización del tesoro azteca. Tenemos la suerte de conservar el documento redactado por este virrey, el marqués de Cadereyto, en uno de los documentos del Archivo

Histórico Nacional, donde podemos extraer datos muy valiosos para esta investigación:

> Una pintura que ante mi presentó que avía heredado de sus aguelos en la qual estaba la demostración del sitio del tesoro que avía tenido el gran Moctezuma, señor que fue desta tierra, y asimismo el lugar donde se avía escondido al tiempo de la conquista, las joyas y piedras ricas de que habla él y sus progenitores que lo uno y lo otro era de inestimable valor […] que es en la laguna grande de San Lázaro entre el peñol de los Baños y el del Marqués, en un pozo en que acostumbraban bañarse antiguamente.

El 19 de junio se designó al capitán Juan Macho Capela para visitar este lugar y comprobar si la información transmitida en la pintura y los datos geográficos expuestos eran acertados. Y al parecer así fue. Allí había una pista que merecía la pena seguir. Para continuar con las pesquisas, la Real Audiencia de México ordenó continuar con las excavaciones del pozo, anteriormente efectuadas por Francisco de Tapia. Todo parecía indicar la inminencia del descubrimiento, pero a partir de ese momento un velo de silencio y oscuridad se posó sobre una expedición cuyos resultados siguen sin ser conocidos por los historiadores actuales.

EL TESORO DE ATAHUALPA

Cuando Núñez de Balboa descubrió el océano Pacífico, le llegaron noticias sobre la existencia de una rica y esplendorosa civilización situada mucho más hacia el sur. Los españoles tenían ante sí un nuevo reto y la oportunidad de engrandecer, aún más, su inigualable Imperio. Esta responsabilidad recayó sobre los hombros de otro de los grandes héroes de la conquista: el extremeño Francisco Pizarro.

Nacido en 1478, en la ciudad de Trujillo, destacó desde bien joven como un valeroso hombre de armas que llegó a servir a las

Pizarro y sus hombres avanzando hacia el Perú. En 1527, el gobernador de Panamá, Pedro de los Ríos, contrario a las expediciones que por aquellos años se estaban desarrollando por la costa oeste de América del Sur, envió un par de barcos hacia la isla del Gallo con la orden de hacer regresar a Pizarro y a los suyos. El conquistador extremeño, enojado por la actitud del gobernador, trazó una línea en la playa y lanzó una proclama mediante la cual advertía a sus hombres que desde esa línea hasta el norte sólo había desnudez, pobreza y muerte, mientras que hacia el sur podrían encontrar el oro del Perú. Tan solo le siguieron trece españoles, los Trece de la Fama.

órdenes del todopoderoso Gran Capitán. Tras su regreso a España, empezó a oír relatos sobre lo que estaba pasando en el otro lado del mundo: unos extraños rumores sobre intrépidos aventureros que estaban descubriendo nuevas tierras, algunas de ellas atestadas de oro y riqueza. Siendo como era un hombre de acción, no le supuso ningún esfuerzo tomar la decisión de abandonarlo todo y marchar hacia las Indias en 1502, con tan sólo veinticuatro años. Pizarro se instaló, después de un largo viaje, en la isla de La Española como un servidor más del competente gobernador Nicolás de Ovando y, más tarde, entre 1509 y 1522, bajo las órdenes de diversos caudillos durante las guerras indianas, en las que se volvió a granjear una inmejorable fama que tanto le valió en su conquista del Imperio inca.

Buscando un merecido descanso, se asentó finalmente en Panamá, y allí disfrutó de una acomodada vida dedicada al comercio y la administración. Pero este tipo de existencia no le tuvo que reconfortar al enérgico Pizarro, y por eso a los cuarenta y cuatro años de edad decidió abandonar su vida aburguesada y ponerse al frente de una de las mayores hazañas en la forja del Imperio español americano: la conquista del Imperio inca. Fruto de ese sueño, compartido por muchos, nació una alianza que, a la postre, sería definitiva para la realización de dicha empresa. El extremeño se puso al frente de una especie de triunvirato formado por él mismo y sus amigos Diego de Almagro y Hernando Luque.

El primer intento se produjo en 1524, año en que Pizarro partió con un barco tripulado con algo más de cien hombres con el objetivo de llegar al puerto de Pinas. Pero la empresa no les salió muy bien. Durante semanas los españoles sufrieron todo tipo de calamidades. No sólo fueron víctimas de desconocidas enfermedades tropicales, también tuvieron que deambular por territorios inhóspitos infestados de animales salvajes e insectos venenosos y soportar los ataques esporádicos de tribus indígenas que no se sentían muy cómodas con los recién llegados. Y además hacía calor, un calor húmedo y pegajoso que debilitó a los miembros de una expedición que, finalmente, tuvo que dar media vuelta y regresar a Panamá. Pero los castellanos no se dieron por vencidos.

En 1526, los tres socios volvieron a intentarlo de nuevo, pero esta vez mejor pertrechados, con dos navíos y unos ciento sesenta hombres que marcharon con la intención de alcanzar la desembocadura del río San Juan, donde constataron la existencia de valiosos tesoros que los animó a seguir más hacia el sur. Cuanto más navegaban, más evidente se hacía la presencia de una civilización superior, con grandes ciudades y edificaciones que contrastaban con lo que habían visto hasta ese momento. No todo fueron buenas noticias, esta vez tuvieron que salvar importantes problemas, como la oposición del gobernador de Panamá, que a punto estuvo de hacer fracasar la expedición. A pesar de todo, lograron llegar a la ciudad incaica de Tumbes, en el golfo de Guayaquil, donde obtuvieron la prueba definitiva de la existencia de este gigantesco y rico Imperio. Esta era la señal que estaba esperando Pizarro, pero para seguir adelante necesitaba tenerlo todo bien atado, y por eso decidió volver a España, para firmar una capitulación con Carlos I que le permitiese la conquista del Perú.

En 1531, ya con todos los papeles en regla, la tercera expedición de Pizarro hacia el reino del Sol se encontraba totalmente preparada. Contaba esta vez con tres navíos, ciento ochenta hombres, siete caballos y tres frailes. Después de dos semanas de travesía, llegaron a la costa de las Esmeraldas, donde tuvieron la suerte de capturar un importante botín que fue enviado inmediatamente a Panamá para despertar la codicia de sus ciudadanos y reclutar nuevos hombres. El efecto fue el deseado y muchos dejaron sus hogares para unirse a los aventureros. Pero esos ánimos dejaron paso a la desesperanza cuando estos nuevos voluntarios, entre ellos nuestro conocido Sebastián de Belalcázar, alcanzaron a Pizarro y sus hombres para ser testigos de una nueva plaga que se había extendido entre los extenuados conquistadores españoles. Una epidemia de asquerosas pústulas bermejas, algo así como unas verrugas gigantes, empezó a diezmar a un contingente debilitado por el hambre y el sofocante calor.

Pese a todo, los castellanos, ya con los nuevos refuerzos, decidieron reemprender la marcha hacia el sur, siempre con la intención de alcanzar la ciudad de Tumbes. Pero en este interminable viaje no había tiempo para relajarse, y de nuevo fueron víctimas de las inclemencias de un medio geográfico al que no estaban acostumbrados. Por fin, Pizarro y sus hombres lograron llegar a la ciudad con la que tanto habían soñado, pero para su consternación observaron cómo había sido totalmente destruida y saqueada. La buena noticia fue que esta catástrofe se debía a la guerra civil que había estallado entre Huáscar y Atahualpa. El inmenso Imperio de los incas se disponía a desangrarse en una lucha fratricida que no benefició a nadie más que a los españoles. La suerte se puso de nuevo del lado de los conquistadores, que no iban a dejar pasar una oportunidad como esta.

El conflicto se saldó a favor del príncipe Atahualpa, pero este no tuvo mucho tiempo para disfrutar de su victoria porque pronto empezaron a llegarle noticias sobre la llegada de unos extraños hombres blancos y su avance por el Tahuantinsuyo. Nunca se pudo imaginar el dirigente andino, más aún si hacía caso de los informes que le hablaban de un reducidísimo contingente compuesto por unos cuantos hombres, de que, en verdad, había llegado el momento del enfrentamiento definitivo entre dos culturas radicalmente opuestas, que iba a dirimir el destino de todo el cono sur americano. ¿Iban a ser capaces Pizarro y sus hombres de derrotar al más poderoso de los imperios del Nuevo Mundo? Todo parecía indicar que no.

Después de pasar cinco meses en San Miguel, los españoles marcharon hacia Cajamarca, lugar donde se encontraba reposando Atahualpa después de haber sido herido en la guerra contra su hermanastro. Y aquí la historia volvió a repetirse, ya que durante días, tal y como había pasado unos años atrás con Cortés en su conquista de México, los emisarios de Pizarro y el Inca empezaron a intercambiar mensajes de amistad sincera, aderezados con lujosos regalos que provocaron la admiración de unos y otros. En verdad, lo único que pretendían era ganar tiempo para situar sus piezas en el lugar más adecuado para ganar una partida en la que ambos grupos se jugaban su supervivencia.

En este caso, el que menos paciencia tuvo fue el impulsivo emperador Atahualpa, que, cansado por los desaires de los castellanos, envió a Pizarro unas aves degolladas y cubiertas de lana como una seria advertencia para que abandonasen su reino lo antes posible. El extremeño no se dejó amedrentar; había llegado para cumplir un sueño y conseguir un imborrable recuerdo en la historia, así que decidió echarle valor y jugarse el todo por el todo. Preguntado por sus hombres, respondió con un sencillo y temerario plan: tenían que caer directamente sobre Atahualpa y, después, forzar la rendición del enorme ejército que los rodeaba.

Pero los españoles no las tenían todas consigo, por eso Pizarro llevó a cabo un último intento de negociación, y envió a dos de sus capitanes, Hernando de Soto y Hernando Pizarro, a entrevistarse con Atahualpa. Después de la reunión se produjo un episodio que animó aún más a los españoles en su afán por la conquista del Imperio del Sol. Todo ocurrió cuando Hernando de Soto, antes de abandonar el palacio, empezó a realizar bellas cabriolas con su caballo mientras se acercaba poco a poco al emperador, que se quedó blanco del susto; más aún al observar cómo parte de su guardia personal y miembros de la nobleza huían despavoridos ante tan magnífica exhibición. No nos cuesta trabajo imaginar el capazo que cogió Atahualpa, que inmediatamente decidió ejecutar a parte de sus incondicionales por considerarlos un atajo de cobardes.

Ante la inminencia del enfrentamiento, Pizarro decidió celebrar un consejo de guerra en el que expuso un plan casi suicida. Este consistía en situar a sus ciento ochenta hombres en lugares estratégicos, dentro de la plaza central de la ciudad de Cajamarca, para después elegir el momento oportuno y caer, sin previo aviso, sobre un desprevenido Atahualpa y, así, hacerlo su prisionero. El momento más oportuno se produjo un recordado 16 de noviembre de 1532, día en que el Inca entró en la localidad acompañado por un gran ejército compuesto por cuarenta mil guerreros con la intención de entrevistarse con el extremeño. En este momento se activó su intrépido plan; un grupo de soldados españoles se precipitó sobre Atahualpa, lo que provocó el desconcierto de los guerreros incas, que, en su mayoría, huyeron en desbandada.

Es a partir de entonces cuando se generan los principales acontecimientos que explican la formación de una leyenda con visos de realidad. Todo empezó en el momento en que el dirigente inca prometió a Pizarro cubrir de oro la estancia donde se encontraba cautivo a cambio de su liberación. Al mismo tiempo, envió mensajes secretos con la orden de hacer asesinar a su hermanastro Huáscar para evitar su proclamación como nuevo emperador del Tahuantinsuyo. Pero no sólo eso, también mandó que sus tropas rodearan la ciudad de Cajamarca para forzar la liberación de su real persona y preparar un plan para vengarse de los conquistadores. Todas estas intrigas no pasaron desapercibidas para los españoles, y menos aún para los partidarios de Huáscar que, ahora más que nunca, se pusieron del lado de los castellanos.

Captura de Atahualpa. En este grabado se muestra el momento preciso en que los españoles, guiados por Pizarro, lograron capturar a Atahualpa. El éxito de los conquistadores fue total; no sólo habían logrado capturar a la cabeza del estado incaico, sino que, además, miles de guerreros indígenas murieron como consecuencia de la avalancha que se produjo después de este inesperado acontecimiento. Los castellanos no sufrieron bajas, tan solo un puñado de heridos entre un reducido contingente armado de ciento ochenta hombres.

En febrero de 1533, Atahualpa había cumplido con su parte del trato. Su habitación se encontraba cubierta de oro y esperaba ansioso el momento de su puesta en libertad. Pero la liberación del dirigente inca no se planteaba ni siquiera como opción para unos españoles cuyas vidas se verían seriamente comprometidas si Atahualpa se reunía con sus encolerizadas huestes. Pizarro decidió someterle, entonces, a un injusto juicio en el que se le llegó a acusar de herejía de una religión que ni siquiera conocía. También se le atribuyó su intención de asesinar a Huáscar una vez que se pusiese al frente de sus ejércitos, y por todo ello fue condenado a morir sometido al suplicio del garrote vil.

Al igual que ocurrió con el tesoro de Moctezuma, siempre se ha dudado sobre la posibilidad de que ese oro, atesorado por Atahualpa como moneda de cambio para liberarse de su cautiverio, fuese en realidad la totalidad del tesoro incaico. Las fuentes documentales y las tradiciones indígenas insisten en esta creencia. Los incas escondieron una gran parte de sus riquezas para que no cayesen en manos de los españoles, y lo hicieron en algunas de sus ciudades más importantes; por eso, en los últimos años, se han desarrollado investigaciones cuyas perspectivas son, al menos, prometedoras.

Según cuentan las crónicas, después de la muerte de Atahualpa, Pizarro envió a tres de sus hombres de confianza, Pedro de Moguer, Martín Bueno y Juan Agustín de Zárate, a que retirasen de los palacios incas de Cuzco y de la Coricancha todos los objetos de valor que aún quedasen en la capital. No fueron pocos. Entre otras cosas, los castellanos lograron arrancar unas setecientas planchas de oro que recubrían las paredes de la Coricancha, pero muchas de las riquezas que estaban en su interior desaparecieron y quedaron ocultas en algún lugar desconocido. En el siglo XVI, Garcilaso de la Vega, el Inca, hizo referencia a toda la opulencia que encerraba el antiguo templo solar de Cuzco. Destacaba la existencia de un enorme disco solar, realizado sobre una plancha de oro de gran grosor situado en el altar mayor, tan grande que abarcaba todo el testero de pared a pared. La figura mostraba el sol con un rostro redondo del que salían rayos y llamas de fuego. Muy pronto, en 1533, el cronista español Cristóbal de Molina mencionó este objeto al afirmar que nunca había logrado ser localizado. Pero había mucho más. Nuevas descripciones hicieron referencia a un jardín lleno de estatuas de animales y plantas de oro macizo, al igual que sillas y esculturas de los doce reyes incas que habían gobernado en el Tahuantinsuyo.

Es lógico suponer que una gran parte de las riquezas de la Coricancha fuesen escondidas en algún lugar secreto de la

Convento de Santo Domingo en Cuzco. La Coricancha, en Cuzco,
fue un templo inca donde se veneraba a Inti, el dios del Sol. Sobre este
edificio se construyó más tarde el convento de Santo Domingo, bajo el
cual podrían encontrarse unos túneles secretos que nos conducirían hasta
un enigmático tesoro.

ciudad, y en este sentido todos los indicios empezaron a apuntar hacia una serie de salas subterráneas accesibles a través de
largos túneles que atravesarían Cuzco. Esta historia se inserta-
ría dentro de otra tradición referida a una extensa red de pasajes construidos por los incas, que recorrerían todo el subsuelo
peruano y que incluso llegarían al lejano Brasil. Esta es la tesis
defendida por Javier Sierra, pero como parte de un gran proyecto sobre los pueblos precolombinos, en el que esta línea rec-
ta, casi perfecta, que une el Sacsahuamán con la Coricancha,
en la ciudad de Cuzco, sería sólo un pequeño segmento de una
línea mucho mayor, en este caso de miles de kilómetros, que

pasaría por los mismos lugares que atravesó el héroe civilizador Viracocha. Para este autor:

> Viracoha cruzó los Andes modificando el terreno a su paso, hasta que desapareció caminando sobre las aguas, rumbo al oeste [...] descubriendo un camino rectilíneo de casi 1.500 kilómetros de longitud que formaría un ángulo perfecto de 45 grados sobre el ecuador terrestre [...] Pero lo más sorprendente de todo es que sobre ese eje principal de 45 grados de inclinación podía encajarse la trayectoria del túnel Coricancha-Sacsahuamán como un guante.

Esta leyenda tiene una cierta apoyatura documental, gracias en parte a las referencias transmitidas por Felipe de Pomares a principios del siglo XVII. Según él, un príncipe local llamado Carlos Inca, descendiente directo del poderoso Huayna Cápac, confesó a su mujer española llamada María Esquivel que él era el custodio de uno de los tesoros más valiosos del planeta. Al parecer, Carlos Inca no se sintió muy satisfecho por haber confesado a su nefasta mujer un secreto tan bien guardado hasta ese momento. Inmediatamente, María Esquivel empezó a humillar a su desdichado marido tachándole de mentiroso, mezquino y, lo que más le molestaba, pobre. Un día, harto de los insultos y comparaciones de los que era víctima por parte de su codiciosa esposa, Carlos Inca tuvo un arrebato de orgullo y decidió mostrar a María Esquivel todo el oro de los incas para terminar con tanto menosprecio. En primer lugar, vendó los ojos de su mujer y la condujo por unos estrechos túneles hasta llegar a un amplio subterráneo donde, ya con los ojos descubiertos, le mostró el más fabuloso tesoro imaginable. Más tarde, la española afirmó que en ese lugar había visto grandes estatuas de los reyes incas hechas en oro, del tamaño de un niño de doce años, al igual que platos, vasos y una enorme vajilla de oro hasta completar un botín como hasta ese momento nunca se había visto.

Satisfecho en su orgullo, Carlos Inca decidió volver a vendar los ojos de su amada, no sin antes advertirla de que no le iba a dejar coger ni una sola pizca de todo el oro que en ese momento los rodeaba. Fue en ese mismo instante cuando el desprecio se convirtió en odio, tan profundo que, nada más regresar a la superficie, María Esquivel decidió denunciar a su marido por el delito de ocultar un tesoro perdido que, según las leyes, debía pertenecer al rey español Carlos I. Las autoridades decidieron actuar y ordenaron la detención del descendiente de Huayna Cápac, para que bajo tormento confesara el lugar donde escondía tanta riqueza. Afortunadamente, no consiguieron nada. Carlos Inca ya había huido hacia las montañas de Wilcabamba, y allí pudo descansar, por fin, de la carga de una herencia tan comprometida y de su infame compañera. Consigo se llevó un gran secreto y la posibilidad de encontrar el tesoro de los incas.

La siguiente noticia sobre el tesoro nos la proporciona Mateo García Pumakahua, un conspirador que en 1814 se encontraba preparando una sublevación contra los ejércitos y los intereses de los españoles en Perú. Mientras se ultimaban los detalles de su plan, decidió mostrarle a su coronel, Domingo Luis Astete, una parte del tesoro de los incas para, en caso necesario, poder sufragar su levantamiento contra las autoridades del Virreinato del Perú. Con el consentimiento de su superior, Mateo García vendó los ojos del coronel y lo llevó por la plaza de Armas de Cuzco, bordearon, después, un arroyo, que bien pudo ser el Choquechaca, y finalmente bajaron por un camino desconocido hasta el subsuelo de la ciudad. Una vez allí, Astete pudo contemplar todo tipo de alhajas: esmeraldas, ladrillos de oro y otros objetos de incalculable valor, pero que no coincidirían con lo que nos transmitió Felipe de Pomares unos siglos atrás, algo que, por otra parte, parece indicar la existencia de diversos tesoros en las profundidades de la ciudad peruana. Una pista sobre la localización de este enclave nos la ofrece el mismo relato cuando afirma que Astate, mientras observaba el tesoro, oyó perfectamente cómo el reloj de la catedral daba las nueve de la noche.

Poco después, a mediados del siglo XIX, Alexander von Humboldt vuelve a referirse al tesoro de Atahualpa. En su libro de 1850 *Views of Nature,* relata una curiosa historia que escuchó estando en la ciudad de Cuzco:

> [...] el hijo del cacique Astorpilca, un interesante y amable joven de 17 años de edad nos condujo a las ruinas del antiguo palacio. Viviendo en una gran pobreza, su imaginación estaba llena de imágenes del esplendor subterráneo y los tesoros de oro que, nos aseguró, estaban escondidos bajo los montículos de desperdicios que estábamos pisando. Nos dijo que uno de sus antepasados tapando los ojos de su esposa y, después, pasando por unos pasajes muy intrincados la llevó a los jardines subterráneos del Inca. Allí la mujer contempló, la mejor creación de piezas del oro más puro, árboles con hojas y frutos, pájaros colgados en sus ramas. Entre otras cosas vio la silla dorada de Atahualpa [...] el marido le ordenó a su mujer que no tocara ninguno de estos tesoros, recordándole que el tiempo de la restauración del imperio de los incas todavía no había llegado, y cualquiera que tocara esos tesoros moriría la misma noche [...] El hijo de Astorpilca me aseguró que bajo tierra, cerca de la derecha del sitio de donde yo estaba, había un gran árbol Datura, o Guanto, lleno de flores, exquisitamente hecho de oro y platos de oro, y que sus brancas se extendían hacia la silla del Inca. La fe morbosa en la cual el joven afirmaba sus creencias en esta historia fabulosa, me hizo una profunda y melancólica impresión en mí.

Algunos arqueólogos e historiadores consideran que este túnel partiría de la Coricancha y que una de sus salidas estaría cerca de las murallas de Sacsahuamán, en un lugar llamado la Chinkana Grande. Curiosamente, en este lugar se han producido diversos intentos para encontrar la entrada a esta compleja red de túneles que nos permitirían reencontrarnos con uno de los episodios más apasionantes de nuestro pasado. Estas investigaciones comenzaron muy pronto.

En 1624, Francisco Rueda, Juan Hinojosa y Antonio Orué se deslizaron con unas cuerdas por la Chinkana Grande mientras cientos de testigos se concentraban en los alrededores ansiosos por saber si estos aventureros lograrían, al fin, hacerse con el gran tesoro del que todo el mundo hablaba. Pero no fue así, los tres desaparecieron en su interior y nunca más se volvió a saber de ellos.

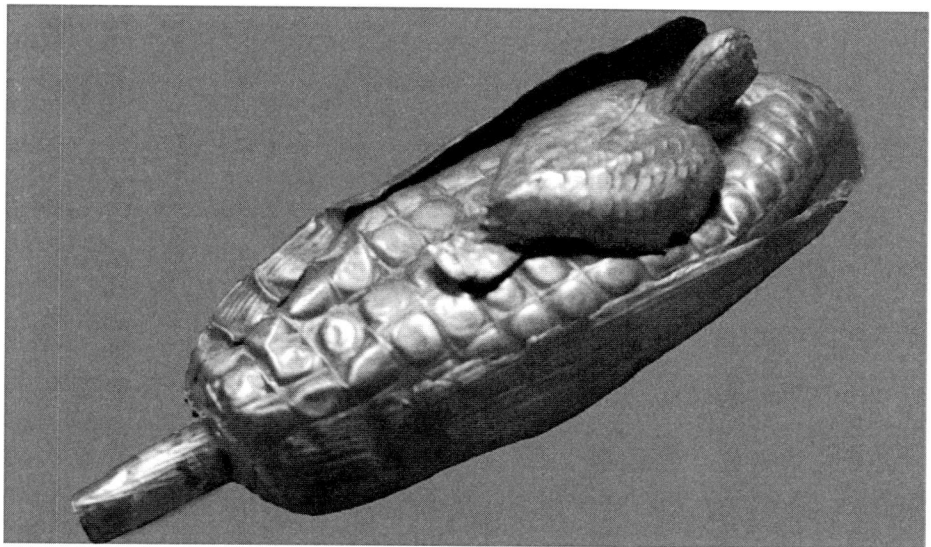

Réplica de mazorca de oro. Distintas tradiciones peruanas sitúan debajo de la ciudad de Cuzco toda una serie de túneles secretos donde, en su día, los incas enterraron unos enormes tesoros para evitar que cayesen en manos de los españoles. A principios del siglo XVIII, un joven estudiante logró salir a la superficie después de pasar varios días perdido en este interminable laberinto subterráneo; llevaba consigo una bella mazorca de maíz como prueba de un enorme hallazgo que a día de hoy sigue sin desvelar su morada definitiva.

No volvemos a tener más noticias hasta principios del siglo XVIII, cuando dos estudiantes volvieron a internarse en este intrincado laberinto de túneles subterráneos desde la Chinkana Grande. Lamentablemente, el tiempo pasaba y nadie tenía noticias de ellos, por lo que finalmente se les dio por desaparecidos. El oro de Atahualpa se había cobrado nuevas víctimas, dando pie a una leyenda que hablaba sobre la posible maldición de este tesoro oculto. El décimo día unos fieles que estaban en el interior de la iglesia de Santo Domingo, la antigua Coricancha, escucharon unos golpes desesperados tras uno de los retablos del templo. Sorprendentemente, cuando lo abrieron encontraron a uno de los estudiantes con los ojos perdidos y sus manos malheridas. El chico comenzó a contar una extraña historia que todos consideraron fruto de los delirios de un individuo que había perdido la cabeza. Según él, en esos días había pasado por una cámara con enormes riquezas, y para asombro de los presentes mostró una enorme mazorca de oro como prueba de su hallazgo. Este episodio lo podríamos considerar una prueba material sobre la veracidad del relato, pero, desgraciadamente, los monjes fundieron esta importante pieza para fabricar una corona a la virgen.

El tesoro de Atahualpa tuvo nuevas oportunidades de demostrar su carácter maldito. En 1923 se produjo la primera expedición científica, organizada por la Universidad de San Marcos de Lima, que mandó a un grupo de espeleólogos para que se deslizasen por uno de los túneles cuya entrada estaba en Sacsahuamán. Los miembros de la expedición decidieron avanzar por debajo de la tierra en dirección al litoral, pero, nuevamente, después de doce días sin dar señales de vida, se les empezó a dar por desaparecidos. Cuando todo parecía perdido, uno de los exploradores apareció de la nada, más muerto que vivo, pero con las fuerzas suficientes para relatar una aventura que les había costado la vida al resto de sus compañeros. Habló de largos y asfixiantes laberintos y de unos terribles obstáculos que muchos no pudieron superar. El fracaso había sido total, por eso la universidad decidió guardar silencio y terminar con las investigaciones. A pesar de todo, hasta 1927 continuó habiendo nuevas víctimas en otras muchas expediciones que se produjeron en el lugar, hasta el punto de que las autoridades peruanas decidieron sellar la Chinkana con un muro de piedras provocado por una explosión controlada, para evitar el acceso de nuevos buscatesoros.

Uno de los accesos del túnel se encontraba irremediablemente cerrado, pero aún faltaba, al menos, uno más, desde donde se produjeron nuevos intentos por acceder al tesoro de Atahualpa. En 1982, el investigador Anselm Pi Rambla se encontraba trabajando para el Gobierno peruano cuando tuvo la oportunidad de atestiguar la existencia de la Chinkana, y de los túneles que recorrían el subsuelo de la ciudad de Cuzco, gracias a su encuentro con el prior del convento de Santo Domingo. En el mes de octubre de ese mismo año, le preguntó por la leyenda de la Chinkana. También quería saber si los miembros de su orden conocían algún dato que sirviese para probar su existencia. El prior le aseguró que el sitio existía y que él mismo conocía el lugar de acceso. Sin salir de su asombro, Anselm Pi Rambla se dejó acompañar por el dominico, que le llevó a la sala principal de la iglesia, en uno de cuyos laterales existía un pequeño altar que descansaba sobre un vetusto suelo de madera.

Después de apartar el altar, retiraron una alfombra que cubría parte de la superficie de la habitación, lo que dejó a la vista una trampilla de madera que al abrirla les mostró unas escaleras que llevaban a una cripta subterránea. Mientras inspeccionaban este sótano de época colonial, el investigador se percató de la existencia de un túnel totalmente tapiado con fragmentos de ladrillos rojizos. Tras retirar algunos de estos cascotes, pudieron comprobar que el túnel había sido realizado según los modelos constructivos incaicos; era tan largo que la luz de su potente linterna se difuminó hasta desaparecer en la más profunda oscuridad. Esta era, según el prior, la entrada al legendario túnel que llevaba hasta la Chinkana, y era allí donde debía de encontrarse el tesoro.

Ante tal descubrimiento, Anselm Pi le pidió permiso al religioso para retirar los cascotes y realizar una investigación con la autorización del Gobierno peruano, pero el prior rechazó la propuesta con vehemencia, aseguró que nunca los dejaría entrar debido a los peligros que encerraban estos pasadizos, y posteriormente los invitó a abandonar el lugar y a olvidarse de lo que habían visto. Pero el investigador catalán no se dio por vencido. Unos años más tarde volvería al lugar con su equipo, el Bohic Ruz Explorer, para ponerse al frente de una investigación en el año 2000 que recibió el nombre de Proyecto Coricancha, cuyo objetivo fue dar una explicación lógica y coherente a un secreto tan bien guardado.

Antes de esa fecha, otro investigador español, Javier Sierra, obtuvo nuevos datos sobre la existencia del túnel a través de Benigno Gamarra, el nuevo prior del convento de Santo Domingo. En 1994 le confesó que la entrada al túnel había sido cerrada para consolidar los cimientos de la iglesia después del violento terremoto sufrido en la ciudad de Cuzco en 1950. Más tarde, en febrero de 1999, Anselm Pi Rambla regresó a la antigua Coricancha, acompañado por su amigo Francisco Serrat, para entrevistarse con el padre Benigno Gamarra y obtener más información sobre el túnel que unía el templo con Sacsahuamán. Su intención era volver a localizar la entrada de la Chinkana para poder seguir adelante con su proyecto, pero en esta ocasión la repuesta del prior los dejó helados. Extrañamente, el dominico afirmó no saber nada de ese lugar y los emplazó a que volviesen un domingo, 14 de febrero, en el que la iglesia iba a estar cerrada al público y así seguir con las investigaciones. Ayudados por una palanca y un pico de hierro, los dos aventureros abrieron, una a una, las cuatro trampillas de madera existentes en el suelo de la iglesia, pero ninguna de ellas era la misma por la que habían accedido a la cripta colonial en 1982. La única explicación lógica era que los dominicos habrían tapado la entrada para mantener a los buscadores de tesoros lejos de aquel lugar. Y así pareció ser, ya que el antiguo suelo de madera fue sustituido por uno hecho con baldosas para que cualquier tentación de acceder a su interior no pasase desapercibida.

El padre Gamarra no permitió, en cambio, que los españoles se fuesen con las manos vacías y con el ánimo por los suelos. Según Anselm Pi Rambla, el prior del convento les relató esta extraña historia que nadie conocía fuera de esos muros:

En 1940, un hermano dominico entró dentro de la Chinkana con el campanero de la iglesia, un hombre sumamente pobre que conocía el lugar de acceso al túnel que había permanecido oculto dentro de la iglesia desde hacía muchos años. Entraron por el gran corredor y caminaron aproximadamente un kilómetro y medio por el subsuelo del Cusco hasta llegar a una cámara debajo de las murallas de Saqsaywaman, donde estaba parte del oro de los incas. El hermano observó una gran cantidad de piezas de oro y plata, así como las famosas estatuas de los soberanos incas. El dominico le dijo al campanero que no tocase nada y que el suceso permaneciese en secreto dentro de la comunidad de religiosos del convento. Se marcharon y, según nos explicó el padre Gamarra, al cabo de unos diez años este hermano falleció. Antes de morir transmitió al prior de aquella época el emplazamiento del túnel secreto de la iglesia.

En 2000 se iniciaron los trabajos de investigación asociados con el proyecto Coricancha, que permitió descubrir, efectivamente, la existencia de esa cripta colonial, donde se encontraron tres piezas de crucifijos cristianos y una gran cantidad de restos humanos aparecidos de forma caótica y fragmentaria, lo que parecía indicar que el lugar fue profanado con anterioridad, probablemente después del terremoto que se produjo en la región en 1950. Pero la excavación del túnel aún no ha podido efectuarse, por lo que el oro de Atahualpa sigue escondido, al igual que otros muchos tesoros precolombinos, en el interior de esas inaccesibles grutas que recorren, casi con total seguridad, el desaparecido imperio de los incas.

LAS MONEDAS DEL EMPERADOR MAXIMILIANO

En la segunda mitad del siglo XIX, Napoleón III estaba obsesionado por devolver a Francia su peso político en la escena internacional, entre otras cosas para no verse superado por el protagonismo que estaba adquiriendo Prusia en el contexto europeo. Una de sus más controvertidas actuaciones fue su intervención en los asuntos internos mexicanos, que respondía a la solicitud de ayuda por parte de la aristocracia y las clases más conservadoras del país azteca como consecuencia de la política liberal que estaba aplicando el Gobierno de Juárez. Para poder derribar toda su política reformista, los católicos y los terratenientes mexicanos optaron por restaurar la monarquía en su joven país, y pidieron ayuda a Napoleón III, que finalmente propuso a Maximiliano de Austria como responsable de que se cumplieran los requisitos exigidos.

El nuevo emperador mexicano llegó al puerto de Veracruz en 1864, pero pronto quedó de manifiesto el poco apego que iban a tener las clases menos favorecidas hacia su rey, y todo ello a pesar de la política moderada que este desarrolló nada más llegar al poder, la cual provocó un descontento entre los grupos que le alzaron al poder por considerarlo demasiado condescendiente

Manet, Édouard. *Ejecución del emperador Maximiliano de Austria.* The National Gallery, Londres. Después de un corto reinado, el emperador Maximiliano tuvo que recluirse en la ciudad de Querétaro, donde resistió hasta que fue capturado por los revolucionarios juaristas. Poco antes de morir fusilado, el emperador decidió evacuar toda su reserva monetaria para que no cayese en manos de sus enemigos.

con los odiados liberales. Pero lo que condenó al régimen de Maximiliano fue la retirada de unas tropas francesas que hasta ese momento se habían ocupado de su protección, en territorio tan lejano y con casi todo el mundo en su contra. A partir de ese momento, los liberales vieron allanado su camino y se unieron a la causa de Benito Juárez que, además, contaba con el apoyo de los Estados Unidos de América.

Abandonado por todos, excepto por un reducido grupo de leales, Maximiliano vio cómo sus posibilidades de supervivencia

Pesos de oro mexicanos. Una buena parte del oro del Imperio estaba formado por pesos mexicanos, como estos que tenemos en la imagen y en el que se puede observar la efigie de Maximiliano.

se reducían hasta convertir su causa en una quimera. Pero él era miembro de una de las familias con más historia de todo el planeta, y nunca nadie podría acusarle de no actuar con valentía cuando las circunstancias lo habían requerido. El emperador decidió hacerse fuerte en la ciudad de Querétaro, y allí resistió hasta que fue capturado después de un largo asedio para, posteriormente, ser sometido a un despiadado juicio en un tribunal militar que lo condenó a muerte.

Uno de los capítulos más controvertidos de su reinado fue la acumulación de un formidable tesoro que ocultó en su refugio de Querétaro antes de sufrir el asedio de las tropas juaristas. Sabemos muy bien que las tropas francesas no sacaron el oro de la ciudad cuando recibieron órdenes de regresar a Europa. Tampoco lo encontraron los juaristas cuando entraron en Querétaro, por lo que debemos suponer que esta enorme reserva monetaria fue evacuada de la ciudad antes de su rendición. El problema es conocer su destino, y más aun teniendo en cuenta las dificultades de los leales a Maximiliano para sacar el oro y transportarlo, de forma segura, a un enclave que no estuviese controlado por alguno de sus muchos enemigos. El camino hacia el puerto de Veracruz habría sido el más lógico de todos, pero esta opción fue descartada al estar controlado por los soldados de Juárez. El mismo problema tenían hacia el sur, y el norte era todavía peor, porque el Gobierno de Estados Unidos se mostró, desde el principio, favorable a las tesis de los revolucionarios juaristas. Parece ser que la única opción fue llevar el tesoro hacia Texas, donde aún existía una enorme presencia de soldados confederados que durante cuatro años habían estado luchando contra los estados de la Unión en la sangrienta guerra de Secesión americana. En este sentido, cabe recordar que una buena parte de los soldados texanos, desmovilizados tras el final del conflicto, marcharon hacia México para ponerse a las órdenes de Maximiliano, de ahí las estrechas relaciones entre uno y otro bando, y razón de más para apuntar hacia este lugar como refugio último de la reserva monetaria del emperador mexicano.

Cuando ya lo vio todo perdido, Maximiliano mandó introducir sus miles de monedas de oro en noventa y cinco barriles cargados en varias carretas, que partieron hacia Texas escoltados por un puñado de soldados mexicanos. En un inocente intento por pasar desapercibidos, no se les ocurrió mejor idea que cubrir las carrozas con harina, tal vez para hacerse pasar por unos simples comerciantes dispuestos a negociar con un producto de tan escaso valor. Muy pronto, los soldados confederados sospecharon que allí había gato encerrado.

No era lógica la presencia de unos carromatos llenos únicamente de harina y escoltados por un contingente del ejército imperial mexicano. Por eso, una noche, cuando ya se encontraban en Texas, los sudistas mataron a los hombres de Maximiliano, se hicieron con el poder de la valiosa carga e iniciaron una larga marcha por uno de los lugares más secos e impenetrables de Norteamérica. Durante este trayecto, los antiguos soldados confederados tuvieron que combatir sin descanso contra cientos de bandoleros mexicanos que habían llegado a este lugar atraídos por el olor del oro. Poco a poco, los confederados fueron

Desierto de Texas. Aunque hay distintas hipótesis a la hora de explicar el destino del tesoro de Maximiliano, todas las pistas apuntan hacia Castle Gap. Las distintas expediciones organizadas para encontrar las monedas de oro terminaron fracasando por la dificultad de trabajar en este inhóspito lugar enclavado en el interior del estado de Texas.

masacrados, hasta que sólo quedó uno de ellos con vida, el mismo que al final, poco antes de su muerte, contó la historia. Gracias a él sabemos que el último sitio donde estuvo la carreta fue en el desfiladero de Castle Gap, en lo alto de las montañas de King, al norte de El Paso.

EL TESORO DE LA IGLESIA DE PISCO

Este nuevo relato basado en la existencia de otro gran tesoro, cuyo origen se hallaría en la pequeña ciudad costera de Pisco, en el Perú, no tiene ningún tipo de apoyatura documental, por lo que en este caso su historia se confunde claramente con la leyenda. En él, todos los elementos, propios de la más pura aventura de piratas, se dan la mano para conformar un relato que más se aproxima al guion de una novela o de una película que a una historia real objeto de una investigación rigurosa, aunque, como observará el lector, hay quien no opina lo mismo.

Esta leyenda se sitúa en un contexto histórico muy concreto: durante la guerra del Pacífico, que enfrentó a Chile contra los ejércitos coaligados del Perú y Bolivia, entre los años 1879 y 1883. Los principales protagonistas son cuatro mercenarios que trabajaban para el Ejército peruano; uno era español (Diego Álvarez), otro inglés (Lucas Barret), también había un norteamericano (Brown) y, finalmente, un irlandés (Killorain). En este punto las tradiciones difieren, ya que en algunos relatos se ha llegado a afirmar que todos ellos eran australianos. Poco importa; lo realmente relevante es que un día fueron conscientes de que en una iglesia situada en Pisco se encontraba escondido un gran tesoro custodiado por varios sacerdotes jesuitas.

Aprovechando el caos producido por el decido avance de los chilenos hacia el norte, los cuatro amigos lograron embaucar al más crédulo de los religiosos, el padre Mateo. Ingenuamente, el jesuita se dejó convencer y accedió al ofrecimiento de los mercenarios para evacuar todas las riquezas hacia una ciudad más segura como Lima o el Puerto del Callao. Pero el tiempo apremiaba; la caída de la ciudad parecía inminente y, por eso, pidieron a los sacerdotes que llevasen el tesoro hasta el puerto de Pisco, para embarcarlo en un navío y escapar lo más rápidamente posible del horror de la guerra.

Cualquier tipo de remordimiento que pudiesen haber tenido ante la inminencia de su espantoso plan se esfumó sin dejar ningún rastro cuando observaron boquiabiertos lo que el destino estaba a punto de poner en sus manos. Ante sus ojos vieron desfilar un espectacular tesoro compuesto por catorce toneladas de oro y varios cofres repletos de joyas y ricas piedras preciosas.

Una vez en alta mar, los mercenarios no se lo pensaron dos veces. Con una nauseabunda frialdad pasaron a cuchillo a todos los religiosos y a los tripulantes del barco, se apropiaron del enorme botín y se dirigieron lejos de la escena del crimen, hasta las lejanas islas situadas en el otro extremo del océano Pacífico. Tras un largo trayecto, no exento de dificultades, llegaron al archipiélago Tuamotu, en la Polinesia Francesa, formado por unas ochenta islas y un grupo de diminutos atolones coralinos.

Dando gracias a la providencia por haber culminado con éxito sus fechorías, los cuatro amigos desembarcaron una gran parte del tesoro y lo enterraron junto a la laguna del atolón donde en ese momento se encontraban. Para no olvidar el lugar exacto donde habían dejado su valiosa carga, dibujaron un pequeño croquis, algo así como un mapa del tesoro en el que no aparecía ningún nombre. Y no por previsión ante el peligro de que cayese en manos de algún desconocido, sino porque no tenían ni la más remota idea del nombre del atolón donde habían desembarcado.

Este fue el motivo por el que volvieron a embarcar: para navegar hasta la vecina isla de Katiu y preguntar al primer indígena que encontrasen por el nombre del lugar de donde venían. Esta vez la fortuna volvió a sonreírles, ya que al poco tiempo pasó un afable y hospitalario nativo que, tras un cordial recibimiento, les proporcionó el nombre de este: Pinaki. Esta palabra fue la última que dijo en su vida, porque inmediatamente los occidentales le dispararon a bocajarro para no dejar ningún testigo que pudiese poner en peligro su nueva fortuna.

Con su secreto a salvo, Álvarez y sus hombres pusieron rumbo a Australia con la intención de encontrar un lugar apropiado donde celebrar por todo lo alto, ese increíble golpe de suerte que la vida les había brindado. Y así lo hicieron, porque los cuatro mercenarios dedicaron los meses siguientes a derrochar todo su oro y terminar con toda la fortuna que habían traído desde la lejana Polinesia.

Lógicamente, ante estas adversas circunstancias, el buen entendimiento entre los cuatro amigos empezó a resquebrajarse, pero a pesar de todo lograron ponerse de acuerdo una vez más, y decidieron dirigirse hacia el norte para empezar a trabajar en una mina de oro hasta que tuviesen el dinero necesario para adquirir una pequeña embarcación y regresar a por el resto de su oro. Pero las cosas no salieron como estaban previstas; definitivamente la fortuna los había abandonado, y dos de ellos, Álvarez y Barret, fueron asesinados en una reyerta con unos nativos del

Iglesia de Pisco. La ciudad de Pisco, fundada por el virrey del Perú, Pedro Álvarez de Toledo, fue durante mucho tiempo víctima del ataque de desalmados piratas como Le Clerck y David. A pesar de todo, las tradiciones cuentan que su iglesia logró conservar un formidable tesoro hasta finales del siglo XIX.

lugar. Los otros, Brown y Killorain, fueron condenados a veinte años de cárcel por la muerte de un hombre. El primero de ellos no logró sobrevivir a su condena, ya que murió en la cárcel, mientras que Killorain salió de ella viejo y enfermo, y terminó su vida como un pobre vagabundo sin ninguna posibilidad de recuperar su añorado oro.

En estos momentos entra en escena un nuevo personaje llamado Charles Howe, que, a partir de ese momento, se vio involucrado en la búsqueda del tesoro maldito. Transcurría el año de 1912 en la ciudad de Sídney. Una noche de lluvia y de viento huracanado, un pobre y desamparado anciano llamó a la puerta de una pequeña casa para pedir cobijo. Necesitaba refugiarse de una implacable tormenta que azotaba ferozmente a todos aquellos que no tenían un lugar donde guarecerse. Afortunadamente, el propietario del inmueble, un colono llamado Howe, le acogió bondadosamente y le ofreció una generosa cena y un sitio para dormir. Killorain nunca olvidó aquel gesto y, cuatro meses más tarde, el colono recibió un extraño mensaje desde el hospital de Sídney en el que se le suplicaba su presencia.

Una vez allí, Howe se encontró con el viejo vagabundo al que había acogido esa terrible noche unos meses atrás. Le reconoció de inmediato, era Killorain; cuando se quedaron a solas le contó una historia increíble que no pudo olvidar jamás. Ese pobre diablo decía ser el único superviviente de un grupo de ladrones que, años atrás, había robado uno de los tesoros más valiosos del mundo y del que sólo él conocía su paradero. Sin nadie más al que confiar su secreto, el irlandés le había narrado toda la historia a Howe, poco tiempo después murió en la más absoluta indigencia. El colono decidió jugárselo todo a una carta; estaba dispuesto a conocer la verdad de este apasionante misterio, así que vendió todas sus propiedades y zarpó rumbo a Tahití, para desde allí llegar al atolón de Pinaki en febrero de 1913.

Allí excavó durante trece años hasta que se dio cuenta de su error y se trasladó a un atolón cercano conocido como Raraka, donde encontró el enorme botín, tal y como le había asegurado el antiguo mercenario mucho tiempo atrás. Pero, en su situación, no podía ni siquiera plantearse la posibilidad de trasladar todo ese tesoro hasta un lugar seguro, para poder disfrutarlo durante el resto de su vida. Decidió, en cambio, extraer una pequeña parte para poder financiar una nueva expedición, regresar más adelante y convertirse, así, en uno de los hombres más ricos del mundo. En 1932 regresó a Australia, pero cuando ya lo tenía todo preparado desapareció de la faz de la Tierra, sin que nadie volviese a saber nada más de él.

Dos años después, un nuevo explorador recogió el testigo. George Hamilton, un perfecto desconocido, consiguió, no

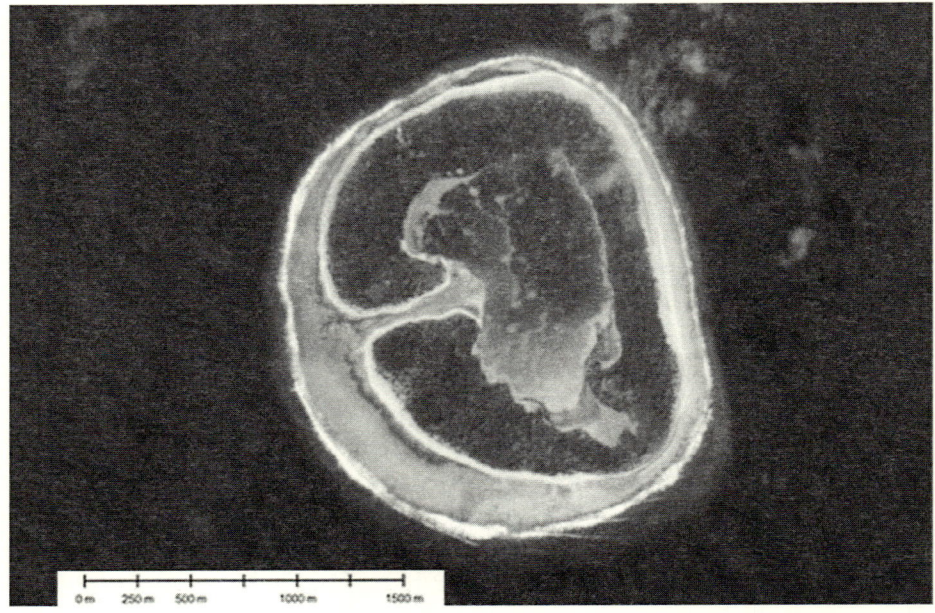

Atolón Pinaki. Durante mucho tiempo se creyó que este pequeño atolón de coral situado en la Polinesia fue el lugar donde quedó oculto un enorme cargamento de oro procedente del lejano Perú.

se sabe muy bien cómo, apropiarse de los planos y apuntes de Howe. Con toda la información en su poder, regresó al atolón y continuó con la búsqueda mediante la realización de una serie de perforaciones en la laguna. Pero el titánico esfuerzo del investigador nunca tuvo recompensa, ya que las corrientes de agua volvían a cubrir con arena las fosas recién excavadas. Al final no tuvo más remedio que darse por vencido, y abandonó las exploraciones con la intención de volver a intentarlo cuando las circunstancias se lo permitiesen.

Pero no fue él, sino un descendiente suyo, quien volvió a intentarlo en 1994. La expedición de Hamilton es la primera de la que tenemos noticias y referencias seguras, pero de nuevo la suerte le fue esquiva y se quedó sin conocer la verdad sobre esta lejana historia cuya realidad se confunde con la leyenda.

Capítulo 5
Objetos de poder

¿QUÉ SON LOS OBJETOS DE PODER?
RADIOGRAFÍA DE UN MISTERIO MILENARIO

Algunos de los tesoros ocultos más atractivos están formados por aquellos a los que muchos han denominado *objetos de poder*. Pero para entender su búsqueda es necesario saber de antemano qué fueron realmente estos artefactos o utensilios litúrgicos que, durante mucho tiempo, despertaron la curiosidad de todo tipo de investigadores.

No existe una definición oficial para explicar la naturaleza de estos objetos de poder, aunque en general se ha tendido a denominar como tal a aquellos utensilios revestidos de una cierta sacralidad por haber pertenecido o estado en contacto con un personaje fuera de lo común. Es lógico pensar que algunos de los más atractivos para nuestra cultura judeocristiana fueron los que estuvieron relacionados con importantes personajes bíblicos. Dentro de la tradición veterotestamentaria, Moisés ocuparía una situación privilegiada, al ser considerado uno de los pilares básicos de la religión judaica, aunque sin olvidarnos de otros como los primeros patriarcas: Abraham, Isaac y Jacob; o los grandes reyes de la monarquía unificada: David o Salomón. Por su importancia, destacaríamos el Arca de la Alianza, mandada construir por Moisés durante el éxodo del pueblo judío en el desierto, y donde ordenó introducir las Tablas de la Ley como señal de la primera alianza de Yahvé con su Pueblo Elegido.

Mucho es lo que se ha escrito sobre los presuntos poderes asociados a esta reliquia, cuyo rastro se perdió hace más de dos mil años, aunque en general ha predominado la idea de que se trataba de un artefacto capaz de generar una importante cantidad de energía, suficiente para convertirla en una temible arma de guerra, capaz de derrotar a los peligrosos enemigos del pueblo israelita.

Una naturaleza distinta es la que tuvo la famosa Mesa de Salomón, cuya esencia parece estar relacionada con la existencia de una extraña inscripción sobre su superficie que representaba el *Shem Shemaforash*, el nombre secreto de Dios, y cuyo conocimiento otorgaría a su descubridor una sabiduría de origen divino, prácticamente ilimitada. A pesar de su enorme importancia como utensilio ritual de la religión yahvista, no existe una postura oficial que explique las circunstancias en las que fue elaborada y las funciones que tendría cuando, finalmente, fue introducida en el interior del templo de Jerusalén en los albores del primer milenio antes de Cristo. Para la mayoría de los investigadores, fue la misma mesa que Moisés elaboró en el desierto siguiendo unas técnicas constructivas similares a las del Arca, y sobre cuya superficie grabó Salomón, siglos más tarde, el nombre secreto de Dios.

Otro de estos utensilios de tradición judaica sería la famosa Piedra del Destino, que, según la tradición, otorgaba poder político y terrenal a su poseedor. Al parecer, esta piedra mítica estuvo durante setecientos años en manos de los ingleses, después de que en 1296 fuese robada de la abadía escocesa de Scone por el rey Eduardo I. Algo más tarde, fue enviada al Palacio de Westminster y allí permaneció hasta 1996, cuando el Gobierno británico decidió enviar la piedra de nuevo a Escocia, ahora al castillo de Edimburgo, con la condición de que volviera a Londres para su utilización en nuevas coronaciones. Desde el siglo XIII, y debido a los poderes mágicos que se le otorgaba, todos los reyes de Inglaterra, salvo María II, fueron coronados con ella. Pero ¿qué es lo que hacía que una piedra de arenisca de más de ciento cincuenta kilogramos tuviese un tratamiento tan especial?

Dice la leyenda que la Piedra del Destino fue la misma que utilizó Jacob para apoyar su cabeza mientras dormía y soñaba con una escalera que llegaba hasta el cielo. Este sueño se interpretó de forma mágica y permitió la renovación de una alianza que le otorgaba la posesión de la tierra en la que estaba acostado para él y sus descendientes. Cuando despertó, y esto entra ya en el terreno de la leyenda, sabedor de que había tenido una revelación divina, decidió conservarla; se convirtió, desde entonces, en uno de los objetos de culto más importantes de su pueblo. Según distintas tradiciones, la Piedra del Destino fue celosamente custodiada por el pueblo hebreo, pero durante el episodio del éxodo y, más concretamente, después del paso del mar Rojo en el que sucumbió buena parte del ejército faraónico que perseguía a los israelitas, un general egipcio llamado Haythekes, casado con Scota, hija del faraón Merneptah, lideró las escasas tropas supervivientes y logró hacerse con la famosa reliquia. Desde allí emprendió una larga travesía por el norte de África hasta la península ibérica y fundó un reino en la zona de Galicia con capital en Brigantium, actualmente La Coruña.

La Piedra de Jacob sirvió de trono para él y sus descendientes, hasta que un sucesor suyo, Simón Brec, marchó a Irlanda y colocó el objeto en Tara. Al parecer, los reyes irlandeses que fueron coronados sobre la piedra rejuvenecían repentinamente. Algo más tarde, en el siglo v, la tribu gaélica de los escotos, encabezados por Fergus I, trasladó la Piedra del Destino hasta la isla de Iona, en el reino de Dalriada. Allí permaneció hasta que Kenneth Mac Alpin se hizo con el poder de las tierras de los pictos y se convirtió en primer rey de Escocia. La piedra marchó entonces hasta el monasterio de Scone, donde fueron coronados todos los reyes escoceses hasta 1296, año en que, como sabemos, el rey inglés la trasladó a Westminster.

Al igual que ocurre con otros objetos de poder, las leyendas asociadas a la Piedra del Destino otorgan un poder mágico a sus poseedores, de ahí el interés de los monarcas escoceses, ingleses

BECCAFUMI, Domenico di Giacomo di Pace. *Moisés rompiendo las tablas de la ley (el becerro de oro)* (1537). Catedral de Pisa, Italia. Muchas de las reliquias veterotestamentarias, algunas tan importantes como el arca de la Alianza, están claramente relacionadas con una figura clave en la historia del pueblo elegido: el profeta Moisés. Según el Antiguo Testamento, los principales objetos de culto de la religión yahvista se elaboraron durante el éxodo de los israelitas por el desierto. Algunos siglos más tarde, estas reliquias se situaron en el interior del Templo de Jerusalén pero, tras su destrucción, se les perdió el rastro, lo que dio lugar a una búsqueda donde se han mezclado todo tipo de intereses, políticos, arqueológicos y religiosos.

y británicos por hacerse coronar con ella. En la actualidad, no hay más inscripción sobre la Piedra que una simple cruz latina, pero en el siglo XIX, un tal Jacques Cambray, en su obra *Monuments celtiques* de 1805, aseguró haber visto una inscripción en latín sobre ella que decía: «Ni fallat fatum, Scoti quocumque locatum Invenient lapidiem, regnasse tenetur ibídem», [Si el destino es verdadero, los escoceses serán conocidos por haber sido reyes donde sus hombres encuentren esta piedra].

En lo referente al cristianismo, son muchas las reliquias relacionadas con la Virgen María, los santos y los apóstoles, aunque por encima de todas ellas destacan las que en su día estuvieron en contacto con Jesús. La mayor parte de ellas aparecieron durante la Edad Media en un momento en el que la comercialización de falsas reliquias se hizo frenética, hasta el punto de que los historiadores han detectado auténticos talleres dedicados a su elaboración en lugares como Italia, para posteriormente venderlas a monasterios, palacios e iglesias, que en algunas ocasiones llegaron a pagar cantidades asombrosamente astronómicas por ellas. Y es normal que así fuese, ya que su posesión ofrecía importantes ventajas económicas como consecuencia de la continua afluencia de peregrinos que visitaban los lugares donde se hallaban dichas reliquias que, según ellos, funcionaban como auténticos talismanes protectores, que tenían efectos positivos sobre la salud y que, incluso, otorgaban poder a los que entraban en contacto con ellas.

Las hubo de todos los tipos, pero desde pronto empezaron a ser valoradas las de tipo orgánico, como los huesos de los mártires, los fragmentos corporales momificados o sus dientes —entre los que podemos destacar las más de cien muelas de santa Apolonia—. También podemos encontrar varias cabezas de Juan el Bautista —todas ellas reales—, cabellos o leche materna de la Virgen, los santos prepucios del niño Jesús —y digo varios, porque, si hacemos caso de estas reliquias, tendría más de uno—, algunas migajas de pan de la Última Cena e, incluso, algunas de las plumas que el Espíritu Santo se dejó en tierra cuando le anunció a la Virgen su futura maternidad.

Otro gran grupo estuvo formado por los objetos que en algún momento estuvieron en contacto con Jesús, como la mesa donde ofició la primera misa, el Grial, los clavos que atravesaron sus muñecas y tobillos, la Santa Túnica o, los más discutidos de todos, los miles de fragmentos de la Santa Cruz que se encuentran desperdigados por las iglesias de media Europa, tantas que el propio Calvino llegó a decir que con ellas se podría llenar el Arca de Noé, mientras que otros afirmaron que serían suficientes para repoblar todo un bosque.

Todo esto que hemos dicho no nos debe hacer olvidar que, efectivamente, algunas de estas reliquias tienen un recorrido histórico y una apoyatura documental que ofrecen, al menos, el beneficio de la duda, como la Lanza de Longinos, el Santo Grial o la Santa Túnica. La primera de ellas, la Lanza de Longinos, es un objeto relacionado con el poder terrenal, de ahí el interés de algunos de los personajes más importantes de la historia por hacerse con ella, en la creencia de que su posesión implicaba el dominio del mundo. Según cuentan las tradiciones, los restos de esta lanza que hoy en día se conservan en el Palacio Hofburg de Viena, pertenecieron, entre otros, a Constantino el Grande, Carlo Magno, Federico Barbarroja, Carlos I de España, Napoleón y hasta el mismísimo Adolfo Hitler.

Esta lanza fue la que utilizó el centurión romano Longinos para herir a Jesús cuando este se encontraba en la cruz. Este fue el momento en que se produjo el primer milagro relacionado con este utensilio, ya que, cuando la sangre de Jesús salpicó el rostro del romano, se le curaron milagrosamente las cataratas que padecía desde hacía mucho tiempo. Ese contacto con la sangre del Mesías es lo que convierte a la lanza en una de las reliquias cristianas más estudiadas de todos los tiempos, aunque, si hacemos caso de la tradición, descubriremos que este trozo de hierro meteorítico, que se ha querido datar en la Edad del Hierro, fue también importante en un contexto veterotestamentario.

El Grial, por otra parte, sí que ha despertado la devoción popular, al tener una presencia permanente en la Santa Misa. La leyenda que envuelve esta reliquia es doblemente atractiva. Por un lado, está asociada a la búsqueda de un objeto físico que se ha querido ver de forma diversa según las tradiciones y los distintos investigadores que se han enfrentado a su misterio. Algunos

La Vera Cruz de santo Toribio de Liébana. La cruz de Cristo, o Vera Cruz, fue encontrada por Elena, madre del emperador Constantino, durante un viaje a Jerusalén, poco después de haberse celebrado el Concilio de Nicea. Mucho más tarde, Jacobo de la Vorágine afirmó que su posesión fue confiada a los caballeros del Temple hasta que fueron derrotados por los musulmanes. Tras su desaparición, empezaron a proliferar los hallazgos de cientos, tal vez miles, de reliquias, relacionadas con la cruz, aunque el fragmento más grande es el que hoy en día se conserva en el monasterio cántabro de Santo Toribio de Liébana.

lo han considerado una copa, mientras que otros prefieren interpretarlo como un vaso, plato, bandeja e, incluso, un caldero, si lo relacionamos con las tradiciones celtas que más tarde recogería el ciclo artúrico. Pero si hay algo que distingue el Santo Grial del resto de objetos que hemos mencionado en este apartado, es ese concepto con el que siempre se ha relacionado a los que han indagado y estudiado la naturaleza del Santo Cáliz. Con esto nos referimos a la búsqueda interior y al afán de superación por alcanzar una meta espiritual y una perfección asociada a los más altos valores de la caballería; algo que nos vuelve a recordar toda la narración artúrica, y que a partir de los siglos XII y XIII reflejarían Chrétien de Troyes y Wolfram von Eschenbach.

Finalmente, la Sábana Santa de Turín es un lienzo de lino que según la creencia popular envolvió el cuerpo de Jesús de Nazaret después de la crucifixión. La Sindone, como también se le puede llamar, tiene 436 centímetros de largo y 110 centímetros de ancho y representa la figura de un hombre con los brazos cruzados, con una altura de 1,80 metros y un peso de unos 80 kilogramos, que según podemos ver murió violentamente. La polémica que rodea este objeto ha provocado un encendido debate entre aquellos que lo consideran una prueba irrefutable de la existencia y divinidad de Cristo, y los que no ven en ella más que un simple fraude cuya antigüedad no superaría los setecientos años. Esta primera postura se impuso a partir de que, en 1988, un grupo de arqueólogos realizase la prueba del carbono 14 a la tela, cuyo resultado ofreció una datación entre 1260 y 1390, que fue precisamente la época dorada donde floreció el lucrativo negocio de las falsas reliquias. Pero como no podía ser de otra forma, no tardaron en alzarse las voces de aquellos que, no sin motivos, pusieron en tela de juicio la veracidad de la prueba. No les faltaba razón al afirmar que la datación de producto orgánico sólo era fiable si este se había mantenido ajeno a cualquier tipo de contaminación; y, en el caso de la Sindone, esta había sufrido, entre otras calamidades, dos incendios que estuvieron a punto de hacer desaparecer la reliquia. Cualquier conocedor de la técnica del carbono 14 tendrá que reconocer que el contacto del fuego con el propio objeto fruto de estudio aporta carbono a su composición, por lo que, necesariamente, rejuvenece su datación. Pero, además, un estudio palinológico demostró la presencia de pólenes típicos de la región de Palestina en el siglo I d. C., un dato que obligó a los arqueólogos a admitir que el tipo de tela empleado en la Sindone coincidía con el que usaban en Jerusalén en la misma época. Hasta los clavos que quedaban reflejados coincidían a la perfección con los utilizados por los romanos desde tiempos tardorrepublicanos, mientras que las modernas muestras de investigación policial demostraron que las monedas e iconos bizantinos de los siglos IV y V debían de haber tomado como modelo la figura representada en la Sábana Santa, vaciando de razón a los que aún seguían dando validez a las pruebas del carbono 14.

Pero, por encima de todo, debemos enfrentarnos al reto que nos ofrece la propia elaboración de una reliquia que no está pintada, sino que es una especie de negativo realizado mediante algún tipo de radiación para el que se tuvo que emplear una técnica que aún no existía en la época.

La Sábana Santa se encuentra en la actualidad en la ciudad italiana de Turín, pero no todos estos objetos de poder han corrido la misma suerte. Algunos de ellos fueron enterrados en algún lugar desconocido para evitar que cayesen en manos de uno de los muchos enemigos de Dios.

LA BÚSQUEDA DE LA MESA DE SALOMÓN

Como ya hemos comentado, es muy poco lo que se conoce sobre la naturaleza y las funciones que tuvo que desempeñar la Mesa de Salomón una vez colocada en el interior del Templo de Jerusalén. Hay quien dice que esta mesa fue elaborada en tiempos de la monarquía unificada y que, a pesar de su nombre, no era una mesa, sino una especie de espejo sagrado mediante el cual se podían observar los siete climas del universo, es decir, la sucesión de los hechos históricos, tanto del pasado, como del presente y del futuro. Otros afirmaron que debió de ser un fragmento de

La Mesa de los Panes de la Presencia. El recorrido histórico de este objeto de poder lo tenemos claramente identificado gracias a las referencias de diversos autores clásicos y a las fuentes arqueológicas, que apuntan indudablemente hacia la península ibérica como el lugar de reposo de la reliquia.

ese legendario Mar de Bronce que Salomón mandó construir a Hiram de Tiro y que ocupó un lugar privilegiado en el patio exterior del templo. A pesar de todas estas interpretaciones, y atendiendo a las referencias que de ella nos han llegado a lo largo del tiempo, no tendríamos más remedio que considerarla una mesa, y más concretamente la realizada por Moisés, bajo mandato divino, durante el éxodo del pueblo judío en el desierto. Las medidas para su construcción quedan claramente reflejadas en el Antiguo Testamento; lo primero que me llamó la atención fue la similitud de las técnicas constructivas y los materiales empleados para fabricar tanto el Arca de la Alianza como esta mesa, que en un principio se consideró la de los Panes de la Presencia.

Transcurridos esos penosos cuarenta años durante los cuales tuvieron que deambular por el desierto, los israelitas llegaron por fin a Tierra Santa, pero la rivalidad con unos vecinos más poderosos que ellos, los filisteos, los obligó a buscar nuevas formas de organización, un proceso que desembocó en la aparición de la monarquía. En estos momentos destacaron, David y su hijo Salomón, que más tarde adquirieron una aureola mítica.

El primero de ellos eligió la ciudad de Jerusalén como capital de su joven reino; y allí trasladó los objetos de culto que durante tanto tiempo habían tenido que pulular por tierras hostiles. El segundo, Salomón, recibió un encargo no menos importante: la construcción de un fastuoso templo que les sirviese de morada.

Según podemos observar después de una lectura atenta del libro de los Reyes, Salomón no destacó por sus habilidades políticas ni militares; su celebridad provino de su enorme sabiduría que, según todas las tradiciones, era de origen divino, y a la que accedió gracias al conocimiento del *Shem Shemaforash*, cuya correcta pronunciación suponía adquirir el don de la creación, es decir, el principio fundamental de la magia. Para no olvidar ese secreto, y poder perpetuarlo en el recuerdo de su pueblo, mandó grabar, sobre la superficie de uno de los objetos de culto que tenía en el sanctasanctórum del templo, una inscripción geométrica cuya interpretación permitió conocer a él y a su sumo sacerdote el nombre de Dios, y es por ese motivo por el que, a partir de ese momento, la Mesa de los Panes de la Presencia empezó a denominarse como Mesa del rey Salomón. Eso es al menos lo que aseguran las tradiciones.

A partir de entonces, se inició una historia cuyo recuerdo hace de la búsqueda de este objeto una de las aventuras más atractivas de todos los tiempos, y eso porque en su investigación, a diferencia de lo que ocurre con otros artilugios de aquellos tiempos, contamos con una serie de referencias históricas, documentales e, incluso, arqueológicas que nos permiten seguir su rastro con absoluta fidelidad. Un rastro que, invariablemente, apunta a España, más concretamente a la ciudad de Toledo. Veamos por qué.

Después de una truculenta historia, en la que la reliquia tuvo que sobrevivir a las múltiples conquistas, saqueos y destrucciones que sufrió la ciudad de Jerusalén, la Mesa de los Panes de la Presencia fue finalmente capturada por los legionarios de Roma, que en el año 70 d. C. se habían desplazado bajo las órdenes de Tito para poner fin a la actitud levantisca de la estratégica provincia oriental de Judea. Es enntonces cuando llegamos a uno de los momentos decisivos en la búsqueda

Relieves del Arco de Tito. Después de la muerte del emperador Tito, los romanos erigieron un fabuloso arco conmemorativo para honrar su memoria. En una de las escenas se puede observar a un grupo de legionarios portando en sus hombros algunas de las piezas más importantes que lograron capturar durante el saqueo de la ciudad de Jerusalén en 70 d. C. La presencia del Candelabro de los Siete Brazos, y de lo que parece ser una extraña mesa en la parte superior derecha de la imagen, confirmarían las palabras de Flavio Josefo, testigo presencial de la caída de la capital de Judea y de su majestuoso templo.

de este objeto de poder, ya que, a diferencia de lo que ocurre con otros, en este caso contamos con información de primera mano gracias a la existencia de un testigo que dejó por escrito una información de trascendental importancia. En *La guerra de los judíos,* Flavio Josefo, un prestigioso historiador contemporáneo a los hechos, nos dice que «entre la gran cantidad de despojos, los más notables eran los que habían sido hallados en el Templo de Jerusalén, la mesa de oro que pesaba varios talentos y el candelabro de oro».

Y, por si esto fuera poco, la información documental e historiográfica y la evidencia material que nos proporciona la arqueología parecen ponerse de acuerdo, ya que, si se observan los relieves que hoy en día se conservan en el famoso Arco de Tito de la capital imperial, se pueden distinguir, sin ninguna dificultad, cómo un grupo de legionarios lleva a hombros el famoso Candelabro de los Siete Brazos y una extraña mesa que, sin duda, tuvo que ser la misma que los romanos capturaron en el sanctasanctórum del templo de Jerusalén.

Y allí, en Roma, quedó oculto durante varios siglos el tesoro de Salomón; primero, en el templo de Júpiter Capitolino y, después, en el interior de los Palacios Imperiales, viendo cómo el poderoso Imperio romano se hundía cada vez más como consecuencia de la crisis económica, de la presión de los pueblos bárbaros y de la degradación moral y política que, desde entonces y hasta la actualidad, han sufrido la mayor parte de los países ribereños del Mediterráneo. En 410 d. C., un joven y valeroso caudillo visigodo, al que antes hemos nombrado, conquistó y saqueó Roma; y desde entonces el destino de este importante tesoro quedó vinculado a su pueblo, que finalmente logró asentarse en el sur de la Galia, lo que originó el Reino Visigodo de Tolosa. Nuevamente, las referencias de un historiador del siglo VI d. C., Procopio de Cesarea, nos permiten seguir con claridad el apasionante recorrido histórico de la Mesa, ya que en su *Libro de las guerras V* afirma que «Alarico el anciano, en tiempos anteriores, lo había tomado como botín cuando capturó Roma. Entre ellos estaban también los tesoros de Salomón, el rey de los hebreos, un espectáculo más digno de mención […] la mayoría de ellos estaban adornados con esmeraldas, y lo habían llevado de Jerusalén, por los romanos en la antigüedad».

La cita de este historiador bizantino, y la existencia de innumerables tradiciones que vinculan la llegada de la Mesa de Salomón a España en el siglo VI d.C., permite al investigador del pasado empezar a esbozar un mapa del tesoro que, como dije antes, apunta irremediablemente hacia España. Y esto es así porque los visigodos no pudieron retener por mucho tiempo sus nuevas posesiones en el mediodía francés, ya que, en 507 d. C., fueron derrotados apabullantemente por las tropas del franco Clodoveo, que desde hacía tiempo soñaba con la unificación política y religiosa de la antigua provincia romana de la Galia. La Mesa de Salomón se puso nuevamente en movimiento, esta vez en dirección sur, y buscó refugio en la que sería la nueva capital del reino hispanovisigodo, Toledo, donde empezaron a surgir leyendas y tradiciones relacionadas con la existencia de un tesoro sagrado custodiado en la mítica cueva de Hércules, cuya ubicación ha generado una importante controversia entre los muchos cazatesoros e investigadores que han recorrido la ciudad del Tajo tratando de hallar tan enigmático lugar.

Allí me trasladé para encontrar nuevas pistas que me permitiesen averiguar dónde reposaba la famosa reliquia, pero todos los indicios sugerían que la Mesa había abandonado Toledo a principios del siglo VIII, huyendo de los invasores musulmanes que en 711 d. C. habían derrotado a Rodrigo en la decisiva batalla de Guadalete. Ese convencimiento me llegó después de estudiar con detenimiento las distintas crónicas que los historiadores de tradición musulmana elaboraron inmediatamente después de la conquista, y en las que se reflejaba, una y otra vez, su convencimiento de que la Mesa de Salomón no sólo estaba en España, sino que los principales caudillos de la invasión, Tariq y Muza, habían recorrido la península tratando de encontrar el poderoso objeto de culto. Es ahora cuando la búsqueda de la Mesa se convierte en un auténtico rompecabezas, y eso debido a las más que evidentes contradicciones de los autores cuando describen las circunstancias del supuesto hallazgo, que hoy en día muchos cuestionan.

Una de las fuentes más antiguas y cercanas a los hechos es la crónica *Kitab Futuh Misr*, de Abd al-Hakam, que recoge los datos que proporcionó el historiador Utman ibn Salih en el siglo IX: «Tariq pasó a Toledo, entró en la ciudad y preguntó por la Mesa, pues no le preocupaba otra cosa, ya que era la Mesa de Salomón [...] Y cuenta Yahya ibn Bukayr, según el testimonio de Al-Layt ibn Sa'd: fue invadido al-Ándalus por Musa ibn Nusayr y tomó la Mesa de Salomón y la corona».

En ella queda perfectamente documentada la creencia, ya extendida, de que el tesoro del rey Salomón se encontraba entonces en España, de ahí que primero Tariq y después Muza trataran de encontrar el objeto que, según estas tradiciones, tenía más valor religioso y crematístico: la Mesa de Salomón. Según algunos de estos autores, la Mesa fue buscada en Toledo, más concretamente en la cueva de Hércules, pero no debieron de encontrar nada, ya que los visigodos decidieron trasladar sus tesoros y llevarlos a un lugar seguro fuera del alcance de sus conquistadores. Este hecho originó una nueva tradición, ya que algunos escritores aseguraron y dejaron por escrito una extraña historia en la que se contaba una misteriosa expedición que hizo Tariq para hacerse con la Mesa. Según Al-Maqqarí en su *Naft al-Tib*:

> Tariq se dirigió a Toledo, capital de la monarquía goda, y la encontró vacía, pues sus habitantes habían huido y se habían refugiado en una ciudad que estaba al otro lado de las montañas. Reunió entonces a los judíos de Toledo, dejó en ella a algunos de sus compañeros y se marchó detrás de los que habían huido de Toledo. Se encaminó hacia Wadi al-Hiyara, luego se dirigió hacia el monte y lo cruzó por el fayy [desfiladero] que lleva ahora su nombre. Y llegó a la ciudad de Al-Ma'ida, tras el monte, referido a la Mesa de Salomón, hijo de David.

Esta información provocó que muchos historiadores se centrasen en la búsqueda de esta ciudad de la Mesa y elaboraran un mapa a partir de los datos que nos ofrecen este y otros autores. Según ellos, Tariq, después de la conquista de Toledo, abandonó la ciudad y se fue con un grupo de leales en

Cueva de Hércules en Toledo. Los investigadores no tienen muchas dudas a la hora de asegurar que la Mesa de Salomón estaba en España, más concretamente en la ciudad de Toledo, cuando los musulmanes conquistaron el país en 711 d. C. Se sabe que Tariq y Muza anduvieron detrás de ella, pero al parecer no la encontraron, ya que los visigodos tuvieron tiempo de esconderla en un lugar seguro.

busca de un enclave en el que al parecer había quedado oculta la Mesa de Salomón. Autores como Abd al-Hakam aseguran que su nombre era el castillo de Farás, o Firás, mientras que otros afirman que a este enclave se accedía después de atravesar Wad-Al-Hiyara, que no pudo ser otro más que el río Henares, y que posteriormente tuvo que atravesar un desfiladero que a partir de ese momento llevó el nombre del conquistador, antes de llegar a una ciudad cuyo nombre haría referencia a la Mesa, por encontrarse allí la preciada reliquia. El recuerdo de esta apasionante historia dio alas a la imaginación e hizo que muchos tratasen de ubicar estos extraños lugares transmitidos en las crónicas de los historiadores musulmanes, de ahí que

Alcalá de Henares, Torija o Medinaceli se propusieran como sitios hacia donde tuvo que dirigir sus pasos Tariq para encontrar el objeto.

A día de hoy nadie puede asegurar si la Mesa estuvo o no allí, pero de lo que no cabe duda es de que no la encontró, posiblemente porque los visigodos, en un desesperado intento de salvaguardar los restos de su tesoro, jugaron al gato y al ratón con un desvalido Tariq que tuvo que abandonar España para rendir cuentas de sus conquistas ante el mismísimo califa de Damasco.

Pero existen otros lugares donde se ha intentado hallar su paradero. Además de en Toledo y en la aún desconocida Ciudad de la Mesa, se ha propuesto Jaén como otro de los posibles destinos de la reliquia, mientras que en los últimos años ha ganado fama la tesis que afirma que la Mesa de Salomón, al igual que le ocurrió al resto de reliquias importantes que estaban en manos de los visigodos a principios del siglo VIII, debió de huir hacia el norte para buscar refugio en las montañas cantábricas y asturianas, y así evitar caer en las manos de los insaciables conquistadores. Mientras tanto el misterio continúa.

EN BUSCA DEL ARCA PERDIDA

Como el resto de los objetos que Moisés mandó construir durante el éxodo en el desierto, el Arca de la Alianza era una herramienta cuya naturaleza y técnicas constructivas estaban inspiradas por la divinidad; de ahí su terrible poder. Pero, a pesar de que siempre fue considerada como el objeto de culto más importante de su pueblo, el Arca sigue siendo el mayor de los misterios del Antiguo Testamento, una codiciada pieza arqueológica y religiosa cuyo paradero sigue siendo un auténtico enigma y que ha sido perseguida por grupos de iniciados, órdenes esotéricas, arqueólogos, historiadores y toda una serie de extraños buscafortunas que, irremediablemente, se han visto superados por la realidad.

Según la información que nos ha sido transmitida en el libro del Éxodo (Ex 25, 10-20), Yahvé ordenó fabricar:

> Un arca de madera de acacia, que tenga de longitud dos codos y medio, codo y medio de anchura y codo y medio de altura. La revestirás de oro por dentro y por fuera y encima labrarás una cornisa de oro alrededor. Le pondrás cuatro anillos, uno en cada ángulo del arca, dos a un lado y dos al otro. Harás también unas varas de madera de acacia y las cubrirás igualmente de oro [...] Harás también un propiciatorio de oro puro de dos codos y medio de largo y uno y medio de alto. Harás dos querubines de oro, de oro batido, a los dos extremos del propiciatorio, uno a un lado y otro a otro lado de él. Lo harás formando un solo cuerpo con él, a sus lados. Tendrán los querubines sus dos alas extendidas hacia arriba cubriendo con ellas el propiciatorio, estando sus rostros uno frente al otro y mirando hacia el propiciatorio [...]

Esto en cuanto a su aspecto físico, pero ¿qué es lo que nos dice la Biblia sobre los presuntos poderes con los que desde el principio se ha relacionado el Arca? Ante todo, que este era un objeto ideado para que Dios pudiera mostrarse y comunicarse directamente con Moisés, pero también un instrumento capaz de liberar enormes cantidades de energía y de provocar terroríficas calamidades si era mal manejada, incluso contra aquellos que ponían en cuestión la autoridad de Yahvé y de su elegido. Y ejemplos no nos faltan de ello. Según la Biblia, Moisés utilizó en una ocasión el poder del Arca para desfigurar la piel de su propia hermana Miriam por haberse atrevido a desafiar su liderazgo. Pero no fue esta la única ocasión en la que el liberador del Pueblo Elegido demostró que, efectivamente, se le había subido el poder a la cabeza. En otra ocasión, embaucó a doscientos cincuenta disidentes a los que convenció para que se mostrasen ante la puerta del Tabernáculo, momento en que un fuego arrasador achicharró a los pobres infelices mientras ofrecían imprudentemente incienso a su vengativo Dios. Viendo cómo se las jugaba el Todopoderoso, no volvieron a producirse rebeliones, y de esta manera llegó la paz a un pueblo que, desde entonces, se tomó las advertencias de Yahvé al pie de la letra.

Réplica del Arca de la Alianza. Este objeto de poder es el más importante de la religión judeocristiana. La veneración por ella fue tal que los judíos la consideraron el símbolo de la presencia de Dios en la Tierra. También la veneraron por ser una especie de instrumento utilizado por Yahvé para comunicarse con Moisés.

Pero ahí no quedó todo. Pronto continuaron ocurriendo cosas terribles, como cuando los pobres hijos de Aarón, Nadab y Abiú, también sobrinos de Moisés, tuvieron la mala suerte de ofrecer a su venerado Dios un fuego irregular que Él no había ordenado. Inmediatamente un fuego abrasador salió del Arca y los devoró. Pero, en esta ocasión, Yahvé fue más comprensivo; para evitar futuras desgracias advirtió a Moisés y a Aarón que nunca más se acercase nadie al propiciatorio que estaba sobre el Arca, porque ese era un espacio reservado para Él. De lo que no podemos dudar es que el abatido Aarón tuvo que retirarse indignado por no haber recibido la advertencia con unas horas de antelación.

Según algunas leyendas y comentarios rabínicos, no fueron pocas las veces que los portadores del Arca cayeron fulminados por las chispas y fogonazos que de vez en cuando salían de su interior. Cuando los israelitas llegaron de Canaán, esta continuó haciendo de las suyas.

Uno de los episodios más conocidos es el de la conquista de la ciudad de Jericó, cuyas murallas sólo pudieron ser tomadas cuando un grupo de sacerdotes hebreos marcharon en torno a la ciudad tocando las trompetas con el Arca a cuestas durante seis interminables días. El séptimo, mientras los sacerdotes volvían a repetir el proceso, Josué ordenó al pueblo que gritasen con todas sus fuerzas, momento en que la muralla se derrumbó sobre sí misma.

La arqueología ha logrado demostrar que este episodio es puramente legendario, aunque muy ilustrativo a la hora de hacernos comprender la visión que tenían los israelitas de su principal objeto de culto: un auténtico estandarte de guerra cuya posesión les iba a otorgar la victoria ante unos pueblos más poderosos que ellos, y con los que estaban a punto de enfrentarse. Así fue, por lo menos, hasta que se confiaron y terminaron colocándola de forma permanente en un santuario llamado Silo. Poco después se presentaron imprudentemente en Eben Ezer, para enfrentarse a los filisteos, y sufrieron una dolorosa derrota, tan grande que los afligidos hebreos no dudaron en regresar a toda prisa a Silo para volver a la batalla, esta vez armados con su poderosa reliquia.

Los filisteos maldijeron su suerte; nada podían hacer frente a un enemigo así. A pesar de todo decidieron arriesgarse y luchar; y pasó lo que nadie pudo creer, porque el Dios de Israel no había olvidado la afrenta sufrida y decidió no intervenir. Los israelitas fueron nuevamente masacrados y, peor aún, el Arca de la Alianza fue capturada y trasladada a la localidad de Gat, donde volvió a hacer de las suyas, porque nada más llegar a la ciudad filistea una extraña plaga empezó a afectar a sus despavoridos habitantes. Ante estas calamidades, los filisteos decidieron desprenderse de su gran trofeo y devolver el Arca al lugar que le correspondía. La cargaron en un carro para que se

En 587 a. C. se inició el exilio de los israelitas, después de que la ciudad de Jerusalén fuese conquistada y saqueada por el ejército babilonio de Nabucodonosor. Según podemos interpretar después de una lectura atenta del Antiguo Testamento, ninguno de los objetos sagrados que se encontraban en el interior del Templo de Salomón cayó en manos de los invasores, posiblemente porque los judíos decidieron esconderlos en algún lugar próximo ante su inminente y profetizado final.

dirigiese a territorio israelita. En el camino se produjo otro episodio en el que las víctimas no fueron los filisteos.

Cuando estaban llegando a su destino, las gentes de Bet Semes salieron alegremente a su encuentro. Su entusiasmo era tal que no se podía describir con simples palabras, porque la Gloria de Dios había vuelto de nuevo a su casa. Inmediatamente ofrecieron holocaustos e hicieron sacrificios a su Señor, pero cometieron el error de mirar fijamente la reliquia. Yahvé, furioso por la desfachatez de su pueblo, decidió castigar a setenta de los suyos infringiéndoles una dolorosa muerte. La ira de Dios no conocía límites, por eso un grupo de levitas se la llevaron y la escondieron en Quiriath Jearim, y allí permaneció hasta que fue finalmente trasladada a la ciudad de Jerusalén durante el reinado de David.

A partir de entonces, la historia es conocida por todos. Después de sobreponerse al tumultuoso final del reinado de Saúl, David decidió establecer su capital en Jerusalén para no despertar suspicacias entre las tribus del norte y del sur. Después de tanto tiempo sin un hogar fijo, obligados a permanecer en el interior del Tabernáculo y sometidos a un futuro incierto, los principales objetos de culto del pueblo hebreo se trasladaron a la nueva capital; pero el anhelo de darles cobijo en el interior de un templo digno de su grandeza no lo pudo ver cumplido el excelso rey David. Fue voluntad de Dios que este honor recayese en su hijo, el rey Salomón, con quien se alcanzó el más alto grado de magnificencia que se tradujo en la construcción de un fastuoso templo en lo alto de la colina de Moriá. Esta vez sí, estas grandes reliquias ocuparon un lugar de privilegio en su cámara más sagrada, el sanctasanctórum, y allí permanecieron durante muchos siglos.

Como ya dijimos, las referencias historiográficas y el registro arqueológico parecen confirmar que el Candelabro y la Mesa permanecían en el interior del Templo de Jerusalén cuando llegaron los romanos en 70 d. C. No pasó lo mismo con el Arca de la Alianza, que misteriosamente desapareció de allí sin dejar ningún rastro fidedigno que nos ofrezca una pista sobre su paradero. Si hacemos caso a las noticias que nos han llegado de las Sagradas Escrituras, la fecha de su desaparición se situaría entre el final del reinado de Salomón, en el siglo X a. C., y la destrucción del Primer Templo de Jerusalén en el 587 a. C., año en que la ciudad fue arrasada por el ejército babilonio de Nabucodonosor. Desde entonces se inició una larga búsqueda cuyo final no se nos antoja cercano.

En lo referente al lugar donde se trató de encontrar el Arca, hay hipótesis para todos los gustos. Y en este capítulo no podrían faltar los omnipresentes templarios, que según muchos intentaron horadar la colina del templo a partir de 1119, buscando este y otros objetos de poder. Su hallazgo podría haber explicado la enorme fortuna de esta orden, que desapareció a principios del siglo XIV después de Cristo.

A pesar de todo, la creencia más arraigada entre los actuales estudiosos del judaísmo está relacionada con el posible ocultamiento de la reliquia en algún lugar cercano del monte Moriá. Esta creencia está reforzada por enigmáticos escritos como el Apocalipsis de Baruc o el segundo libro de los Macabeos, al afirmar que la reliquia estaba bajo la piedra angular o Shetiyyah del antiguo debir, o sanctasanctórum, del Templo de Salomón. No en vano un variopinto grupo de aventureros trató de excavar en este lugar prohibido para hacerse con su inigualable tesoro.

Investigando a fondo pude descubrir que en 1968 se iniciaron unas excavaciones arqueológicas en las inmediaciones de la colina del templo, dirigidas por Meir Ben-Dov, con la finalidad científica de extraer información de uno de los lugares fundamentales para comprender la historia de esta región. Pero la polémica y la controversia no tardaron en aparecer. Una oposición cada vez más feroz empezó a cuestionar los trabajos de Ben-Dov hasta el punto de que le hicieron desesperar. En primer lugar, el Alto Consejo Musulmán acusó al director de las excavaciones de ser un sionista cuyo objetivo era perforar la colina para provocar el derrumbe de la mezquita de Al-Aqsa, y así tener espacio libre para construir el tercer templo en el lugar que le correspondía. Los cristianos no tardaron en unirse a las protestas al ver amenazados sus intereses en una ciudad también sagrada para ellos, pero desde donde más arreciaron las críticas fue desde el lado de las autoridades religiosas judías, que se negaron a reconocer que podía haberse hallado el Arca, pues su pueblo aún no estaba preparado para la llegada de un nuevo Mesías que, según la tradición, aparecería cuando el Arca decidiese mostrarse de nuevo al mundo.

Con todos en su contra, Meir Ben-Dov desoyó a todas las autoridades político-religiosas y aparcó su proyecto hasta que sus ideas fuesen mejor comprendidas y pudiese llevarlas a la práctica. A sus casi noventa años de edad sigue esperando su momento.

Otros muchos precedieron a este investigador, pero no todos fueron tan serios como él. Entre las propuestas más pintorescas están las de algunos personajes como el psíquico Gerry Canon, quien afirmó, sin ningún tipo de pudor, conocer la localización exacta del Arca en Egipto, y eso gracias a su guía Mosec, un soldado egipcio que había recibido el encargo de robarla en tiempos faraónicos y que, ahora, le había revelado la información después de unas sesiones espirituales. Lo realmente increíble de esta historia es que más de uno se la creyó. Otros iluminados la localizaron en lugares emblemáticos como la Esfinge de Giza, la Gran Pirámide o el interior de alguno de los templos de la América precolombina. No faltaron los que apuntaron a otro de los lugares clásicos del misterio: la localidad francesa de Rennes-le-Château, por su posible relación con el mundo templario.

Hay opiniones para todos los gustos y para todo tipo de creyentes. Pero, por encima de todos ellos, el lugar donde más han centrado la atención los investigadores ha sido el monte Moriá de Jerusalén. Algunos de ellos protagonizaron aventuras dignas de película, no se sabe muy bien si de acción o risa, que estuvieron a punto de costarles la vida.

Uno de ellos fue el joven oficial del ejército británico Charles Warren, nombrado por el Fondo para la Exploración de Palestina para excavar en la colina del templo en 1867. Aunque no le faltaba talento, el joven Charles carecería de formación académica y, además, nada más llegar a Tierra Santa, se encontró con que las autoridades turcas se negaban a dejarle excavar en las proximidades de dos de los edificios más sagrados del islam: la Cúpula de la Roca y la mezquita de Al-Aqsa. Al militar inglés no le quedó más remedio que hacer las cosas a su manera, por eso, armado de valor, se deslizó junto con el resto de su equipo por el lado norte de la muralla, y allí excavó un túnel por el que trató de adentrarse y profundizar para llegar al corazón del monte Moriá. Pero su trabajo, desgraciadamente, no pasó desapercibido, pues llamó la atención de los fieles que a esa hora se agolpaban en el interior de la mezquita. Tocó correr y, mientras lo hacían, una lluvia de piedras cayó sobre sus cabezas, descalabrando a más de uno. Ante esta situación, el

Valter Juvelius. La búsqueda del Arca involucró a todo un sinfín de iluminados, entre los que destacó Valter Juvelius, un esoterista finlandés que patrocinó una nueva expedición con la intención de descubrir este objeto de poder bajo la mezquita de Al-Aqsa. Una nueva aventura que estuvo a punto de costarle la vida.

gobernador de la ciudad decidió intervenir y suspender las excavaciones de forma indefinida.

No menos llamativa, más bien todo lo contrario, fue la expedición que en 1909 dirigió M. B. Parker, hijo del conde de Morlay, cuando fue a Jerusalén con la idea de localizar el Arca de la Alianza. Este nuevo proyecto fue organizado por un excéntrico esoterista finlandés, el alma máter de esta empresa, Valter H. Juvelius, que desde el principio aseguró tener información fidedigna sobre el escondite del objeto de poder. Según Juvelius, el estudio de los textos bíblicos le había revelado la existencia de un pasadizo secreto cuyo acceso podría encontrarse en el lado sur de la mezquita de Al-Áqsa.

Ambos llegaron a Jerusalén, en agosto de 1909, dispuestos a seguir con las investigaciones desde donde Warren las dejó. Para esta ardua tarea iban a necesitar toda la ayuda posible, por eso contrataron al tercer miembro importante de la expedición, un vidente irlandés dispuesto a mostrarles el camino recurriendo a sus poderes sobrenaturales.

Los trabajos se iniciaron con brío, pero pasaron los días y las protestas empezaron a aumentar. Las lluvias de otoño convirtieron la colina en un barrizal y, para colmo de males, el famoso barón de Rothschild, sionista y miembro de la adinerada familia de banqueros, compró un terreno cercano a la excavación desde donde podía boicotear todos sus movimientos. Todo se había puesto en contra de tan celebre trío; por eso Parker decidió recurrir a unos métodos más desesperados y, en cierta forma, inmorales. Sobornó al gobernador de la ciudad, Amzey ben Pachá, con veinticinco mil dólares, y al jeque Jalil, con otra interesante cantidad de dinero para así poder internarse en la colina y excavar directamente en busca de su tesoro.

Camuflados por la espesura de la noche y disfrazados de árabes, Parker y su equipo excavaron durante toda una semana en el interior de la Cúpula de la Roca, con la intención de abrirse paso por el Pozo de las Ánimas, situado baja la roca sagrada o Shettiyah. La noche del 18 de abril de 1911 se produjo la fatalidad, se encontraron con una de las pocas personas honradas encargada de la custodia de la colina del templo y al que anteriormente no habían logrado comprar. Al oír el ruido provocado por los cazatesoros, el guarda miró en el interior del edificio y observó horrorizado cómo el grupo de diabólicos extranjeros no sólo profanaba la mezquita, sino que también estaba destrozando el interior de su amada Cúpula de la Roca. Inmediatamente lanzó un desgarrador grito para poner en guardia a todos los fieles que a esas horas rondaban por los alrededores de la colina.

Cuando vieron lo que se les echaba encima, los ingleses abandonaron Jerusalén aprisa y buscaron cobijo en el cercano puerto de Jaffa, donde un yate a motor los esperaba para acogerlos, llevarlos rápidamente a la lejana Inglaterra y, así, escapar de su merecido castigo. Peor suerte tuvo el jeque Jalil, que se convirtió en el blanco de todas las iras: sufrió un despiadado castigo antes de perder, literalmente, la cabeza.

Mientras todo esto ocurría, los nazis no se quedaron atrás en su intento por hacerse con el Arca, ya que sabían que su poder era inimaginable y que había sido utilizada en distintas ocasiones por el pueblo hebreo para derrotar a sus enemigos. Esto aumentó el interés de los alemanes, y de su canciller Adolf Hitler, por organizar una serie de expediciones arqueológicas en el Próximo Oriente y el resto del mundo para encontrar la reliquia. Pero pronto se toparon de bruces con la realidad. Nadie sabía a ciencia cierta el lugar donde se podía encontrar el objeto de poder, cuya auténtica naturaleza seguía siendo un misterio.

Se dice que poco antes del estallido del conflicto, un arqueólogo de las temidas SS enviado por su comandante, el *reichführer* Heinrich Himmler, descubrió una importante pista en la ciudad de Venecia. Todo parecía indicar que los templarios la habían ocultado en un cementerio de Túnez en 1308 d. C., es decir, unos años antes de la disolución de la orden. Este importante descubrimiento hizo que se pusiese en marcha la Operación Trompetas de Jericó, cuyo objetivo era encontrar el Arca de la Alianza.

Según esta extraña historia, los nazis sabían perfectamente que el Arca sólo obedecía al pueblo que seguía las leyes de Yahvé, por lo que su poder sólo era efectivo si era utilizada por alguien que tenía los conocimientos precisos para poder manipularla. El comandante de las SS encargó a un prestigioso héroe guerra de partido nacionalsocialista, Von Kessler, la tarea de encontrar a un cabalista judío que tuviese ese conocimiento secreto e iniciático; por eso viajó hasta el campo de concentración de Auschwitz, para ponerse en contacto con un famoso rabino al que le prometió que liberaría a su familia si cooperaba con los alemanes. A partir de ese momento se sucederían unos acontecimientos que no han podido ser documentados por ningún historiador.

Según el cabalista judío, los nazis sólo podrían utilizar el Arca si comprendían el nombre secreto de Dios, un elemento clave para hacer funcionar la reliquia y que suponía un conocimiento de las tradiciones relacionadas con el *Shem Shemaforah*, tan estrechamente relacionado con España y con la ciudad de Toledo. Se sabe que los nazis recorrieron la ciudad del Tajo tratando de obtener algún tipo de información sobre el lugar donde se hallaba el Arca y otros objetos mágicos, pero la siguiente pista fue encontrada finalmente por Wilhelm Canaris, un almirante nazi jefe del Abwehr, después de una visita al Museo Arqueológico Nacional de Madrid. Allí encontró y estudió unas piezas traídas en 1871 desde Egipto a bordo de la fragata *Arapiles,* y que le indicaron el siguiente trayecto en su viaje de exploración. Pocas semanas más tarde, un arqueólogo de la Ahnenerbe llamado Herbert Braum empezó a excavar en el norte de Egipto, aunque sus trabajos quedaron inacabados como consecuencia del inicio de la Segunda Guerra Mundial en 1939.

Así terminaría este sugerente relato cuya existencia estaría relacionada con la prodigiosa imaginación del escritor jiennense Juan Eslava Galán, pero que muchos han considerado como un recuerdo de unos hechos reales acontecidos durante los años en los que el nazismo se impuso en Europa.

Si todos estos investigadores llamaron la atención por los medios utilizados para encontrar uno de los objetos arqueológicos más añorados de todos los tiempos, pronto se vieron superados por un individuo llamado Ron Wyatt, que en 1978 anunció al mundo una impactante noticia después de visitar el monte Moriá, donde tuvo una inexplicable revelación. Supo que el Arca de la Alianza estaba, ni más ni menos, bajo el monte del Calvario, en una profunda gruta y dentro de un enorme recipiente de piedra. Y aún más importante, en su visión pudo observar cómo el objeto y las paredes de la gruta estaban impregnados de una sustancia ennegrecida, que se filtraba desde la superficie del monte y que procedía de la mismísima sangre derramada de Cristo durante la crucifixión.

Sabemos que Wyatt concertó una entrevista con las autoridades religiosas de Israel para exponerles sus extravagantes teorías y pedirles permiso para excavar. Lo que no sabemos es la cara que pusieron cuando oyeron el planteamiento de este prestigioso arqueólogo americano que, a día de hoy, sigue esperando la llegada de la pertinente e improbable autorización.

Pero, en la búsqueda del arca, no podría faltar un Jones: Vendyl Jones. Este curioso investigador afirmó en 1994 haber localizado el Arca entre las ruinas de la ciudad de Gilgal, gracias en parte a la existencia de una serie de fotografías tomadas desde un satélite que parecían reflejar, si se miraban desde un ángulo concreto, con la iluminación adecuada y con un poquito de imaginación, los restos de un edificio parecido al Templo de Salomón, en cuyo interior debería hallarse la reliquia.

Además de en Jerusalén, los estudiosos de la reliquia han centrado su atención en otro enclave sagrado para el judaísmo: el monte Nebo, identificado en numerosas ocasiones como el lugar donde fue enterrado el legendario Moisés. Según se contaba en el libro de los Macabeos, el profeta Jeremías había escondido el Arca en este lugar antes de la destrucción del templo. Allí se dirigió un tal Frederick Futterer para reconocer este monte y su vecino, el Pisgá. Los resultados de su investigación fueron a primera vista asombrosos, ya que logró descubrir un pasadizo secreto en el Nebo, bloqueado por un muro en el que había una inscripción que decía lo siguiente: «Aquí dentro está, el Arca de oro de la Alianza».

El final de la búsqueda parecía haber llegado a su fin, pero no fue así. Cuando se le pidieron más explicaciones, Futterer optó por un sospechoso silencio. Nunca reveló el lugar exacto donde estaba el pasadizo, ni siquiera dijo quién fue el experto que le tradujo la inscripción, negándose en vida a volver al lugar de los hechos. Esta historia fue cayendo en el olvido, pero medio siglo más tarde fue rescatada por Tom Crotser, un individuo al que no podemos considerar ni iluminado ni vidente, sino un auténtico caradura que llegó al monte dispuesto a protagonizar una de las acciones más vergonzantes en esta larga aventura que fue la búsqueda del Arca de Poder.

En el currículum de este tipo figuraban unos descubrimientos que sólo existían en su imaginación: el de la Torre de Babel, el Arca de Noé y la Ciudad de Adán. Con estos antecedentes se presentó en el monte con un croquis realizado por Futterer donde se mostraba el acceso al pasadizo. Después de varias jornadas investigando en sus escarpadas y desérticas laderas, él y su equipo decidieron desistir y marcharon al Pisgá, donde felizmente localizaron el tortuoso pasadizo. El 31 de octubre de 1981 lograron penetrar en el interior de la montaña, profundizando unos seiscientos pies hasta llegar a una cripta excavada en la roca que albergaba un cofre rectangular de oro, donde estaría cobijada el Arca de la Alianza.

Con la certeza de haber resuelto el enigma, Tom Crotser decidió no mover la pieza, pero, en cambio, tomó una serie de fotografías como prueba de su hallazgo. De vuelta en casa, anunció a bombo y platillo por toda Norteamérica esta impactante noticia, pero cuando se le pidió que mostrase las fotos reveló una nueva información que dejó a todos boquiabiertos. Al parecer, Dios le había ordenado que no enseñara a nadie las imágenes hasta que el Tercer Templo fuese reconstruido, por eso decidió guardar unas fotos a las que sólo tuvieron acceso unos célebres videntes; finalmente, en 1982, un arqueólogo llamado Horn, después de estudiar estas imágenes durante varias horas, afirmó haber visto una caja hecha no de oro, sino de latón, estampada con un dibujo de rombos hechos a máquina. Y lo más revelador, en la esquina superior de la caja observó que sobresalía un clavo de estilo moderno.

Otro de los lugares candidatos para convertirse en la morada final de la famosa reliquia es Etiopía. En este remoto país africano quiso el célebre investigador escocés Graham Hancock situar el Arca después de seguir las pistas que le ofreció una antigua crónica llamada *Kebra Nagast*. Su encuentro con dicho misterio se produjo en 1983, año en que trabajaba para el Gobierno etíope en un viaje a la ciudad santa de Aksum.

Interior de la Cúpula de la Roca. Según las tradiciones judías, bajo
la mezquita de la Roca existen una serie de túneles donde pudo
quedar depositada el Arca de la Alianza. A nadie le extraña el interés
de los investigadores por excavar en este lugar repleto de misterio
y espiritualidad, considerado un lugar sagrado por las tres grandes
religiones monoteístas.

Allí conoció al que decía ser el guardián del Arca o tabot, un
objeto que había llegado a tierras africanas después de que
Menelik, un mítico descendiente de Salomón y la reina de
Saba, lo robase del interior del templo en el siglo x a. C. A
pesar de que el autor desarrolla de forma extraordinaria esta
hipótesis en *Símbolo y señal,* no puede evitar caer en los mismos errores en los que otros muchos cayeron al enfrentarse al estudio de los acontecimientos históricos reflejados, de

196

una u otra manera, en el Antiguo Testamento. En primer lugar, el autor asume de forma literal muchos de los datos que nos ofrece la Biblia en relación con la historia del Arca, lo que le lleva a proponer una naturaleza poco creíble para este objeto de poder, como su afirmación de que era una especie de máquina elaborada con unos conocimientos tecnológicos incluso superiores a los que tenemos en la actualidad. Parte también de una serie de conexiones muy difíciles de demostrar, como la relación del Arca con el Santo Grial a partir del estudio de la obra *Parzival* de Wolfram von Eschenbach y unas pistas encriptadas en los relieves de la catedral de Chartres, que demostrarían, según él, que esta historia era cierta. Pero el principal problema con el que se enfrentó el escritor escocés fue con las evidentes contradicciones históricas expresadas en el libro sagrado etíope, el *Kebra Nagast,* que era el verdadero soporte documental de esta fabulosa tradición con pocas posibilidades de ser cierta.

Muchos autores… y aún más hipótesis para el estudio del más importante objeto de culto de toda nuestra historia, pero a pesar de todo es muy poco, prácticamente nada, lo que conocemos. No podemos dudar de su existencia. La Biblia hace referencia a ella en múltiples ocasiones, siempre como el objeto utilizado por Yahvé para comunicarse con el libertador del Pueblo Elegido, y posteriormente como la reliquia que ocupó una posición estratégica, primero en el Tabernáculo y después en el *debir* del Templo de Salomón. El Antiguo Testamento también nos ofrece una pista fundamental al asegurar que el rey Josías, poco antes de la conquista de 587 a. C. por parte de Nabucodonosor, ya echaba de menos el Arca, que se propuso devolver al lugar que le correspondía. La conclusión lógica es suponer que desapareció en un espacio temporal realmente amplio, desde la muerte de Salomón hasta la destrucción y saqueo del Primer Templo. El resto de las noticias transmitidas en el libro del Éxodo y en Reyes son más difíciles de asumir si queremos efectuar un estudio serio sobre la naturaleza y el recorrido histórico del Arca para tratar de averiguar, de esta manera, su posible ubicación.

Es por eso por lo que, a diferencia de lo que ocurre con otros objetos del pasado, en este caso nuestra única posibilidad para conocer el destino último del Arca ha de ser recurrir a las tradiciones judías, depositarias de un saber milenario, pero adulterado por el paso del tiempo, para tener una mínima idea sobre dónde buscar. Y todas estas tradiciones apuntan a un mismo lugar: la ciudad santa, la enigmática Jerusalén y el monte Moriá, en cuyo interior nunca se pudo investigar en profundidad por las evidentes connotaciones políticas que tiene el estudio de un enclave sagrado para la mitad de nuestro planeta, y que por lo tanto tiene que albergar importantes tesoros, no sólo materiales, que a buen seguro podrían maravillar al mundo.

Capítulo 6
El tesoro templario

AUGE Y CAÍDA DE LOS MONJES-GUERREROS

Durante mucho tiempo, los romanos trataron de mantener a salvo los principios fundamentales y las estructuras básicas de una civilización que había tratado de ofrecer un marco de convivencia común para todos sus ciudadanos. Unas mismas leyes, una lengua con la que poder comunicarse en todo el mundo conocido y un desarrollo artístico y urbano sin precedentes se convirtieron en logros por los que merecía la pena luchar. Y los romanos supieron hacerlo; año tras año, siglo tras siglo, las poderosas legiones romanas se sacrificaron, en un esfuerzo casi titánico, por repeler la presión que los pueblos bárbaros ejercían sobre las dilatadas fronteras de un Imperio que se extendía desde Persia hasta las islas británicas. Pero todo este esfuerzo se vino abajo cuando el poderoso Imperio, forjado por hombres y mujeres austeros, capaces de sobreponerse a las más adversas situaciones que el destino les ponía en su camino, se terminó desplomando debido a la terrible crisis económica que sacudió Europa en el siglo III d. C. y por la corrupción generalizada de unas degeneradas élites económicas y políticas cuyo único objetivo era engordar sus ya abigarradas arcas. El Imperio romano cayó en el siglo V, arrasado por unos pueblos del norte ansiosos por asentarse en las bellas y cálidas tierras mediterráneas. Europa terminó descomponiéndose en una serie de reinos de origen germánico con los que la civilización y el progreso se vieron irremediablemente paralizados.

Entonces tocó sufrir, especialmente a partir del siglo VII, debido a las invasiones de distintos pueblos que hicieron peligrar no sólo el futuro de Europa, sino su propia supervivencia. A la amenaza islámica por el sur, se le unieron, a partir de estas fechas, las de los temidos vikingos o normandos, que sembraron de horror y sangre los indefensos campos europeos, y algo más tarde la de los húngaros, procedentes de las profundas e inhóspitas estepas euroasiáticas. Amenazados por todos los flancos, sin un solo estado capaz de hacer frente a tanto terror, los habitantes del antiguo Imperio romano occidental se plegaron a su destino; pero, contra todo pronóstico, la civilización europea logró sobrevivir, resistiendo un envite tras otro, hasta lograr salir de ese largo oscuro período de tiempo que caracterizó los primeros siglos de la Edad Media.

El triunfo del feudalismo contribuyó decisivamente a este éxito, porque permitió el fortalecimiento de una nobleza guerrera y latifundista. La nueva organización social, surgida como consecuencia de la implantación de este modelo de producción, se caracterizó por la existencia de una élite social privilegiada compuesta por el rey, la alta nobleza y la Iglesia. Esta última había logrado mantener su influencia, por lo que a partir del siglo X consiguió aumentar su poder político y social, y se convirtió en una institución alrededor de la cual giraban las vidas de millones de personas. Esta paulatina transformación, acompañada de un destacable crecimiento económico, permitió el fortalecimiento, durante el siglo XI, de nuevos reinos a lo largo y ancho de todo el continente: Inglaterra, Francia, los reinos cristianos de la península ibérica y el Imperio romano-germánico. Todos ellos se vieron, por fin, con fuerzas suficientes para acometer una empresa largamente añorada: la conquista de Tierra Santa y la recuperación de los Santos Lugares, donde Jesucristo había vivido, predicado y muerto para salvar al mundo.

Durante mucho tiempo, los cristianos habían podido viajar en peregrinación hasta Jerusalén con cierta facilidad; un duro viaje, no exento de peligros, realizado con la intención de expiar los muchos pecados de una sociedad en la que casi todos estaban irremediablemente exentos de la educación, un bien común tan furibundamente acosado en nuestros días por individuos de inteligencia limitada.

La aparición de los turcos en el área palestina hizo cambiar drásticamente la situación. Desde ese momento, las peregrinaciones de los cristianos hacia Tierra Santa se vieron seriamente dificultadas. No tardaron en llegar noticias sobre las matanzas y calamidades que sufrieron los pacíficos cristianos cuando llegaron como simples peregrinos a los territorios de unos turcos que, a partir de ahora y por mucho tiempo, se dedicaron a fastidiar a los estados cristianos hasta que por fin fueron derrotados por los barcos españoles en la célebre batalla de Lepanto.

Bajo el pretexto de una nueva guerra religiosa, y aprovechando la credibilidad de un pueblo dispuesto a obedecer a visionarios y hombres de fe que decían hablar en el nombre de Dios, los renacidos estados europeos arrastraron a una muchedumbre de personas ansiosas por recuperar estas tierras de manos de los infieles.

Con esta idea en su cabeza, el papa Urbano II preparó un gran concilio en la ciudad de Clermont entre los días 18 y 27 de noviembre de 1095. Allí pronunció un apasionado discurso en el que llamó a todos los cristianos a tomar las armas en nombre de Jesús, curiosa contradicción, para luchar contra el poderoso infiel atrincherado en las ciudades por donde un día predicó el hijo de Dios. La época de las cruzadas comenzó en ese mismo momento, y se perpetuó durante dos siglos en los que Tierra Santa se convirtió en un enorme campo de batalla, fiel reflejo de una de las épocas más sangrientas de una historia cuya última página aún está por escribirse.

Balduino II cede el solar donde estuvo el Templo de Salomón a Hugo de Payens y Godofredo de Saint-Homer (s. XIII). La comprensión de los principales hechos históricos acontecidos tras la formación de la Orden del Temple nos ha hecho dudar sobre los motivos por los que el rey Balduino II ofreció a un pequeño grupo de caballeros, sin apenas importancia, uno de los lugares más estratégicos de la ciudad de Jerusalén.

Una enorme masa de soldados mal dirigidos, e inflamados de odio por las arengas fundamentalistas de personajes como Pedro el Ermitaño, se pusieron en camino para llegar a Constantinopla en 1097. Tres años después de su partida, los cruzados alcanzaban su añorado objetivo, la ciudad de Jerusalén, que cayó después de un cruento asedio y cuyos habitantes fueron sometidos a toda clase de suplicios. Musulmanes, judíos, hombres, mujeres, niños... nadie encontró piedad en un mundo en el que el asesinato en nombre de la religión no era considerado una atrocidad, sino un acto de fe por el que los hombres justos se ganaban el perdón de sus pecados. Un testigo presencial llegó a afirmar lo siguiente: «La carnicería fue tal que la sangre les llegaba a los nuestros hasta los tobillos».

Los cristianos se habían salido con la suya. Después de tres días de recuerdo infame, y con las manos aún manchadas de sangre, los cruzados ofrecieron la corona y el título de rey de Jerusalén a Balduino, hermano de Godofredo de Bouillon. A pesar de todos los padecimientos y de todas las bajas y deserciones, la Primera Cruzada fue todo un éxito, por eso, en 1112, los cristianos ya dominaban una franja de tierra que iba desde Siria hasta Egipto. Pero no sólo se recuperaron estos valiosos territorios, también sus reliquias más preciadas, como la Vera Cruz, la Sábana Santa y la Lanza de Longinos. Y aún más importante, los cristianos, por fin, pudieron volver a los Santos Lugares para peregrinar a unas ciudades que por fin estaban libres de la presencia musulmana. Es en este contexto en el que aparecen unos hombres, que, bajo el pretexto de vigilar el territorio hostil que separaba el puerto de Jaffa de Jerusalén, van a protagonizar uno de los episodios más extraños y enigmáticos de ese largo período de tiempo conocido como la Edad Media. De los caballeros de la Orden del Temple se ha dicho prácticamente de todo, debido quizás a las extrañas circunstancias de su desaparición a principios del siglo XIV después de Cristo.

Los orígenes de la orden están claramente relacionados con la conquista de Jerusalén. Desde el principio, el rey Balduino II fue consciente de la necesidad de contar con hombres de armas para defender a los nuevos peregrinos que volvían a visitar Tierra Santa. La ocasión no la dejó escapar un tal Hugo de Payns, al que Balduino II le ofreció el privilegio de encabezar una nueva orden compuesta por un puñado de individuos a los que, sorprendentemente, les ofreció la mezquita de Al-Aqsa, es decir, uno de los enclaves más importantes de la ciudad en la colina del templo, como su base de operaciones. Una decisión absurda si tenemos en cuenta la poca importancia que esta nueva orden tenía al estar compuesta por sólo nueve guerreros, que además no pertenecían, ni de lejos, a la alta nobleza guerrera llegada desde Europa.

Al margen de las controversias y los debates historiográficos entre las distintas escuelas que se han centrado en el estudio de la orden, no podemos obviar el halo de misterio que envuelve la aparición del Temple en Jerusalén. Sería absurdo pensar que el único motivo por el que Balduino II les ofreció tal privilegio fue la necesidad de contar con sólo nueve hombres para defender un reino rodeado por un océano de musulmanes cabreados, y con ganas de cobrar justa venganza por todas las crueldades padecidas en los últimos años.

Algo más hubo, eso seguro, y la clave de este interrogante podría estar en la comprensión de una de las primeras actividades a las que se dedicaron los hombres de Hugo de Payns. Durante los primeros momentos de su existencia, se les vio encerrados en la mezquita de Al-Aqsa excavando una serie de túneles en las entrañas de la colina del templo, y todo ello sin una explicación aparentemente racional. Ni que decir tiene que a los fundadores del Temple no les importó la suerte de los peregrinos que pululaban indefensos por los caminos cercanos a Jerusalén. Ellos siguieron excavando con tanto secretismo que no nos dejaron ni una sola pista que nos ayude a comprender el motivo de una actuación tan aparentemente ilógica. Empeñados en estudiar el pasado con los ojos de un hiperracionalismo ajeno a la mentalidad de los hombres del medievo, los historiadores más académicos y ortodoxos llegaron a afirmar que los primeros templarios emplearon nada menos que diez años en excavar profundos túneles para albergar a los pocos caballos con los que podían contar debido a sus inexistentes recursos.

Como dijimos, la reconquista de los Santos Lugares vino acompañada por un ansia desbocada de encontrar las reliquias de tradición cristiana, por lo que es fácilmente deducible la posibilidad de que los templarios, como hombres de armas y de fe, se mostrasen interesados en ellas, más aún cuando se pensaba que estaban escondidas en el interior del monte Moriá. Lógicamente, los templarios no podían escoger un sitio mejor para asentarse que el lugar donde en su día estuvo el Templo de Salomón, por eso dedicaron tanto tiempo a la excavación de estos túneles, porque querían descubrir algunos de los objetos de poder que la tradición judeocristiana situaba precisamente allí. Lo ilógico habría sido lo contrario. ¿Encontraron algo? No lo podemos saber, pero eso no significa que no lo intentasen.

El secretismo que envolvió las primeras actuaciones de los templarios en el solar del templo provocó la aparición de todo tipo de leyendas sobre la misión que les habría sido encomendada. Pero, a pesar de que todas estas ideas no fueron más que simples conjeturas, no pueden ser desechadas debido a la falta de una explicación coherente sobre los objetivos que tuvieron los caballeros tras su llegada a Jerusalén. Hay incluso un historiador, Michel Lamy, que hace referencia a uno de los manuscritos del mar Muerto cuyo descifrado permitió conocer la existencia de una importante cantidad de oro y una vajilla sagrada escondidas bajo el Templo de Salomón. Es lógico suponer que esta historia fuese transmitida mediante la tradición oral hasta que llegó a los oídos de los Pobres Caballeros de Cristo, y de ahí el interés por excavar precisamente en este lugar.

Esta hipótesis planteó una nueva línea de investigación que podría ayudar a explicar ciertos acontecimientos que sucedieron pocos años después del nacimiento de los templarios. En los momentos iniciales de su existencia, los hombres del Temple vivían prácticamente en la ruina mendigando limosnas para poder sobrevivir, ya que ni siquiera tenían dinero suficiente para costearse el uniforme reglamentario de la orden. Todo esto cambió después del viaje por Europa de Hugo de Payns para ganar adeptos a la causa templaria, como el apoyo del prestigioso Bernardo de Claraval, que fue determinante para el éxito de los nuevos monjes-guerreros. De pronto, los templarios se convirtieron en una poderosa organización, independientes de cualquier poder terrenal y sujetos únicamente a la autoridad del papa.

Sus bienes y sus privilegios se multiplicaron de una forma tan asombrosa, casi inexplicable, teniendo en cuenta sus humildes orígenes, que despertaron la envidia y la codicia de unos gobernantes europeos que se vieron superados por las inimaginables riquezas que conservaban en sus encomiendas. ¿De dónde procedía todo ese oro? Indudablemente, los templarios eran unos excelentes administradores, y su pericia los llevó a desarrollar un auténtico embrión del sistema financiero que apareció en Europa unos siglos más tarde. Pero todo esto se antoja insuficiente para explicar esa enorme fortuna. Hubo quien dijo que

El Santo Grial. La historia del Temple se encuentra envuelta en el misterio. Prácticamente todos los enigmas de la Edad Media están relacionados con los monjes-guerreros, así como la búsqueda de los principales objetos de poder de la religión judeocristiana.

todo el oro y la plata procedían de América, otros afirmaron que los templarios encontraron durante las excavaciones del templo unos documentos comprometedores con los que se ganaron el favor de una Iglesia que no podía permitir que saliesen a la luz, y, finalmente, un nuevo grupo de investigadores relacionaron a los templarios con todo tipo de reliquias, objetos de poder y de culto, entre ellos el Arca de la Alianza, el Santo Grial, la Lanza de Longinos y la Sábana Santa.

Según Lamy, al que antes hemos hecho referencia, existen todo tipo de tradiciones transmitidas en distintos pasajes del libro de los Reyes y en Crónicas sobre la supervivencia del Arca de la Alianza bajo las ruinas del Templo de Salomón. Más aún, existe una tradición rabínica, citada por Rabbí Mannaseh ben Israel, del siglo XVII, que asegura que Salomón mandó construir un escondrijo debajo del templo al ser consciente del peligro que suponía estar rodeado de enemigos poderosos como los que tenía su joven reino. Esta historia la conocían los templarios, por lo que el hallazgo del Arca pudo ser un desencadenante del aumento de poder que conoció la orden a principios del siglo XII.

Esta riqueza, cuyo origen aún no ha sido totalmente esclarecido por nuestros historiadores, empujó a un rey francés y a su compinche el papa Clemente, a proyectar una endemoniada maniobra para terminar con unos rivales cuya riqueza codiciaban. Las razones que empujaron a Felipe IV a planificar aquella maquiavélica maniobra contra los integrantes de la orden han sido analizadas desde distintos puntos de vista en numerosos ensayos a lo largo de los últimos años. En términos generales, todos suelen coincidir en la delicada situación económica por la que atravesaba el Reino de Francia y en las intenciones del avaro rey por hacerse con las riquezas que él mismo había visto en la sede de la orden en París durante una visita previa. En este contexto, Felipe IV comenzó a tramar un plan en 1305, aprovechando el aumento de las críticas contra los monjes-guerreros después de la pérdida de sus territorios en Tierra Santa. De su antigua fama poco quedaba, ahora se los consideraba unos oscuros seres codiciosos, borrachos y malolientes; pero a partir de este año surgieron rumores mucho más peligrosos, difundidos por un rey degenerado y sus acólitos que empezaron a propagar la creencia de que los caballeros templarios eran herejes, adoradores de ídolos, sodomitas y blasfemos. Se llegó a decir que los jóvenes aspirantes a templarios tenían que besar el ano de su superior, e incluso algo que le colgaba en el otro lado, como acto de pura obediencia y lealtad.

Con todo a su favor, Felipe IV y sus perversos consejeros –Nogaret y Plaisans– se dedicaron a reunir pruebas incriminatorias y, cuando lo tuvieron todo listo, asestaron un golpe mortal a los templarios para hacerlos desaparecer de su dilatada historia.

El proceso que siguió a esta infame actuación enturbió aún más la concepción que a día de hoy tenemos de los integrantes de la orden. Según palabras de Sánchez Dragó en su maravilloso *Gárgoris y Habidis*: «Entre los chismes esparcidos por el rey de Francia, la mala leche de su santidad y la hipocresía filantrópica de las sociedades secretas contemporáneas, ya no sabemos si fueron maricones, borrachos, comecuras, lechuguinos de comunión diaria, tragasantos o caballeretes que gustaban de empolvarse la nariz».

El caso es que el día 13 de octubre de 1307, cientos de oficiales del rey francés abrieron un misterioso sobre con unas instrucciones muy precisas. Todos los miembros de la orden deberían ser capturados y sus bienes confiscados; y esas detenciones deberían iniciarse en la imponente Torre del Temple de París, en la cual se situaba el Tesoro Real y que era el lugar donde se alojaba el que fue el último gran maestre de los templarios, Jacques de Moley. El interés que tuvo el rey de Francia por centrarse en este estratégico enclave es más que evidente. Se sabe que, algún tiempo atrás, el codicioso rey se había paseado por el interior del recinto mirando ávidamente unas riquezas cuya cuantía bien podrían haber salvado la grave situación financiera por la que atravesaba su reino. Pero las cosas no salieron tan bien como la mayor parte de los estudiosos de la historia del Temple se apresuraron a afirmar. Bien es cierto que la mayoría de los caballeros cayeron en manos de los oficiales reales, pero, por otra parte, se sabe que no fue nada lo que finalmente encontraron en las entrañas de esa enorme fortaleza.

La Torre del Temple en París. Según cuentan las tradiciones, el rey francés pudo observar con sus propios ojos el lugar exacto donde se ubicaba el enorme tesoro templario. Este fue el principal motivo por el que puso en marcha su infame plan para deshacerse de una orden cuyas riquezas eran legendarias.

Es a partir de este episodio cuando estos mismos historiadores vuelven a caer en una más que aparente contradicción al asegurar que los oficiales reales no encontraron ningún botín en la Torre, a pesar de ser ese su objetivo primordial, ya que, entre otras cosas habían dilapidado toda su fortuna tratando de financiar un enorme ejército cuya función principal habría sido defender las últimas posesiones cristianas en Tierra Santa. El problema es que el rey francés llevaba mucho tiempo preparando la operación, por lo que debería haber sido consciente de toda la riqueza que los caballeros templarios seguían conservando a principios del siglo XIV. Si la Torre del Temple de París albergaba un gran tesoro que nunca fue encontrado por los esbirros del infame rey francés fue porque Jacques de Moley y los suyos, aprovechando el excelente sistema de espionaje que tenían los templarios, sacaron el tesoro para ocultarlo en algún lugar concreto y evitar que cayera en manos de Felipe IV.

Es más, según una antigua leyenda, unas noches antes de la detención, unas carretas perfectamente camufladas y escoltadas por guerreros templarios salieron de la Torre sin rumbo conocido, lo que dio pábulo a la aparición de muchas interpretaciones que han tratado de explicar adónde se dirigieron y, más aún, qué es lo que transportaron y por qué tuvieron tanto interés en ocultarlas. Esta leyenda puede o no ser cierta, eso nunca podremos saberlo, pero refleja una idea que ha estado presente en la mente de muchos aventureros desde hace siete siglos: la búsqueda del lugar donde fue escondido el famoso tesoro templario.

TRAS LAS HUELLAS DEL TESORO TEMPLARIO

En 1307, el papa Clemente V protagonizaba una de las bajadas de pantalones más prominentes de toda la historia. Sin el menor reparo, y siendo consciente de la falsedad de las acusaciones vertidas por el rey francés, dictó la Bula Pastoralis Praeminientae para obligar a todos los monarcas cristianos a detener a los caballeros templarios, sin necesidad de escuchar su defensa y someterlos a un juicio justo. A partir de entonces se siguieron produciendo las torturas y los interrogatorios, aderezados con una apabullante cantidad de sadismo. Estos terminaron por minar la resistencia de unos nobles caballeros que no tuvieron más remedio que reconocer unos delitos que no habían cometido.

La orden fue condenada, y se produjo su disolución, pero esta no desapareció del día a la mañana. Habían sido demasiados poderosos como para dejarse atrapar sin ofrecer cierta resistencia. En algunos reinos de la península ibérica, los templarios recibieron un trato mucho más justo y humano. Además, uno de los más prestigiosos caballeros, Jean de Chalons, llegó a confesar, bajo terribles tormentos, que unos cincuenta caballeros, dirigidos por Gerardo de Villiers, habían partido de la Torre del Temple en París con destino al puerto de La Rochelle para poner a buen recaudo los documentos secretos y las riquezas de la orden. No sólo eso, otro caballero llamado Hugo de Chalons, con el beneplácito del tesorero del Temple, Hugo de Peraud, pudo huir con la mayor parte del tesoro para esconderlo en un enclave cuya ubicación sigue siendo un misterio.

Según esta tradición, el tesoro marchó hacia el puerto de La Rochelle, en la costa atlántica francesa, lugar donde se encontraba la base naval de la orden. Una vez allí, fue cargado en dieciocho galeras que no tardaron mucho tiempo en partir para no caer en manos de los codiciosos oficiales franceses. Una parte de la flota se dirigió a Portugal, de eso no cabe duda, llevando consigo parte de los documentos y unos libros donde se mostraban sus grandes conocimientos náuticos, un saber que más tarde fue utilizado por los navegantes lusos en sus viajes de exploración de los siglos XIV y XV. El resto de la flota, aunque esto no está tan claro, se dirigió hacia la brumosa Escocia, buscando la protección de un rey, Roberto I Bruce, anteriormente excomulgado y que ni siquiera se planteó aplicar la injusta bula papal para la detención de los monjes-guerreros. Según cuenta la tradición, los caballeros templarios tenían en esas lejanas tierras el apoyo de importantes familias, como la de los Saint Clair, señores de las islas Orcadas, tan estrechamente relacionados con el enigma y los misterios de la orden.

Algunos historiadores han llegado incluso a proponer el itinerario seguido por los nueve barcos llegados a Escocia justo después de su detención. Según ellos, llegaron a la isla de Mey, más exactamente al fiordo de Forth, lugar donde tenemos la suerte de conservar unas tumbas templarias en Awe, Argyll, junto a la iglesia de Kilmartin. Por desgracia, no tenemos la misma fortuna a la hora de interpretar el tipo de tesoro que, al parecer, llegó a este lejano territorio a comienzos del siglo xiv. Se habla incluso de varios, uno formado por la reserva monetaria de la orden y otro compuesto por las reliquias más importantes de la cristiandad, entre ellos el Arca de la Alianza, cuya posesión explicaría la profusión de lugares donde se ha querido situar el tesoro de los templarios. Porque, además de Portugal y Escocia, se han apuntado otros enclaves para fijar el destino último de sus codiciados objetos de poder. Y uno de ellos es España. Aquí se planteó, tal vez sin mucho rigor histórico, que el castillo templario de Ponferrada pudiera ser el punto exacto donde quedó oculta el Arca de la Alianza. Y no faltan las tradiciones que sitúan en nuestro país pequeños tesoros templarios custodiados por todo tipo de seres sobrenaturales.

Pero la hipótesis que más despertó la imaginación de los investigadores apunta a un lugar mucho más lejano. Según un antiguo relato, la familia de los Saint Clair fue la auténtica descubridora del continente americano, cien años antes de la llegada de Cristóbal Colón, merced a un extraño viaje protagonizado por un navegante de origen veneciano, Antonio Zeno, que acompañó a Henry Sinclair en 1398 y a cien caballeros templarios, en una travesía marítima a bordo de doce navíos hasta tierras norteamericanas, y más concretamente hasta una región llamada Estotilanda, en el actual Canadá. Según la *Narración Zeno,* la flota llegó a Nueva Escocia, donde desembarcaron estos genuinos aventureros e iniciaron un proceso de exploración que a más de uno le costó la vida. Al parecer, varias lápidas sepulcrales darían testimonio de un viaje que terminó pocas semanas después, cuando Sinclair y sus hombres regresaron a sus hogares, y Zeno a su Venecia natal, donde escribió este controvertido relato.

Esta narración estaría relacionada con la creencia de que los templarios habían mantenido en secreto la existencia de América, desde al menos el siglo XIII d. C. Según se dice, llegaron a este lugar para explotar sus riquezas, especialmente las ricas minas de metales preciosos que más tarde encontraron los conquistadores españoles. Esta, y no otra, sería la explicación de la enorme riqueza que logró amasar la orden durante sus doscientos años de historia. Según esta hipótesis, no exenta de detractores, los monjes-guerreros habrían escogido el continente americano para esconder su tesoro, ya que su ubicación sería inmejorable para ocultar todo lo que pudieron salvar después de la disolución del Temple en tiempos de Felipe IV de Francia. Entre todas estas riquezas estarían los documentos secretos y algunos objetos de poder capturados, años atrás, bajo la mezquita de Al-Aqsa. El problema de todo esto es que un planteamiento tan atrevido necesitaría de una apoyatura documental y arqueológica que lo hiciese creíble. En este caso, el estudio de las evidencias tanto materiales como historiográficas permitió, en parte, desmontar la idea de un pionero viaje transoceánico protagonizado por los templarios.

En primer lugar, las famosas lápidas e inscripciones que parecían representar a caballeros europeos del siglo XIV, por lo tanto coincidentes con ese posible viaje protagonizado por Sinclair y sus hombres, no han sido reconocidas ni por los arqueólogos ni por los historiadores de corte ortodoxo. Una de estas pruebas, la piedra de Westford, localizada en Massachusetts, es un grafiti donde, sólo con muchísima imaginación, se puede observar a un caballero que porta una espada. Lo mismo podríamos decir de otras extrañas representaciones en el cono sur, cuya posible relación con individuos de origen europeo es, como mínimo, difícilmente demostrable.

Otra de las pruebas presentadas por los partidarios de la tesis americana fue la presunta existencia de plantas de origen americano, maíz y aloe vera, en la representación escultórica de la enigmática Capilla de Rosslyn. Siendo honestos, en este caso, una primera aproximación a estas figuras fuera de contexto historiográfico parece mostrarnos precisamente que los escultores que trabajaron en este edificio escocés durante la primera mitad del siglo xv conocían perfectamente la existencia de estas plantas inexistentes en el, por aquel entonces, mundo conocido. Algunos dijeron que estas plantas pudieron tallarse en alguna de las remodelaciones posteriores que sufrió el templo, pero en verdad esta idea es difícil de creer, ya que algunos de estos motivos sobre arcos son de clara filiación gótica. Otros, tal vez movidos por su incredulidad y la necesidad de no salirse del canon establecido, aseguraron que lo allí representado no tenía por qué ser una mazorca de maíz, para luego asegurar que la intención del escultor no habría sido representar un producto real, porque estaba inscrito en un tipo de arte fuertemente estilizado, algo no del todo lógico si tenemos en cuenta el profundo naturalismo imperante en el arte escultórico gótico del siglo xv.

Más difíciles son de creer los acontecimientos narrados en la antes mencionada *Narración Zeno*. Este es un pequeño libro, editado en Venecia en 1558 y escrito por Nicolò Zeno, con la muy italiana intención de loar las hazañas de su prestigiosa familia y de todos sus antepasados. En él se describe, en primer lugar, el viaje realizado por otro Nicolò Zeno, en 1380, desde Venecia hasta Inglaterra y Flandes, para más tarde llegar a una isla llamada Frislanda, donde conoció a un príncipe que respondía al nombre de Zichmni. Esta isla misteriosa, según la crónica que nos aporta Zeno, tenía unas grandes dimensiones e, incluso, aparecía representada en el citado libro; aunque en lo referente a su ubicación hay pocas dudas, ya que parece ser un lugar inexistente, algo que nos lleva, de entrada, a dudar sobre la autenticidad del relato. Como no podría ser de otra manera, más aún tratándose de Zeno, que además compartía nombre con el autor de la narración, el príncipe Zichmni se mostró cautivado por las dotes marineras de Nicolò. Por ese motivo le contrató como piloto de uno de sus navíos, y, como recompensa a su lealtad y buen hacer, le cargó de títulos nobiliarios. Pero lo más interesante estaba aún por venir.

Según cuenta Zeno, unos pescadores frislandeses, que es así como deberían haberse llamado, volvieron al hogar después de largos años perdidos en una tierra extraña y empezaron a contar historias tan maravillosas que cautivaron el espíritu aventurero de Zichmni, dispuesto a emprender un nuevo viaje de exploración

Relieves tallados en la Capilla Rosslyn, en Roslin, Midlothian, Escocia. Algunas pistas de difícil interpretación, como la existencia de unos relieves que representan unas mazorcas de maíz en la Capilla Rosslyn, o la imagen de lo que se ha considerado un caballero templario en la Piedra Westford en Estados Unidos, han llevado a algunos investigadores a proponer el continente americano como el destino último del famoso tesoro templario.

acompañado esta vez por otro miembro de los Zeno, Antonio, cuya historia ya hemos comentado antes. El problema es que una lectura atenta del texto parece demostrar que la expedición, aun si hubiese sido cierta, no habría llegado a Norteamérica, sino que se habría quedado a medio camino, en tierras groelandesas, tal y como indican las descripciones ofrecidas en la *Narración Zeno*. Además, en ninguna parte del relato se relaciona al príncipe Zichmni con Henry Sinclair, tal y como defienden los partidarios del posible viaje de este noble escocés acompañado por sus leales caballeros templarios, siendo la primera referencia que apunta a esta posibilidad muy posterior en el tiempo, más concretamente del siglo XVIII y por parte del viajero y escritor John Reinhold Forster. A pesar de los errores del relato, no dudó en ofrecer soluciones poco creíbles, como cuando se percató de la inexistencia de Frislanda y trató de justificarse afirmando que la isla se había hundido después de un cataclismo de proporciones bíblicas, similar al padecido por los míticos atlantes. Y aún más, se atrevió a prever la posibilidad de que una de las pequeñas islas que forman las Orcadas fuese lo poco que quedó de la isla de Frislanda. Y, puestos a rizar el rizo, quiso relacionar el nombre de Zichmni con una corrupción de Sinclair.

La pregunta es ¿qué dicen las crónicas de la época sobre estos posibles viajes de Sinclair y su relación con los Zeno? Absolutamente nada, ni siquiera una mención o una simple genealogía que nos otorgue el beneficio de la duda; por lo que, si atendemos a las pruebas documentales que ahora estamos tratando, no tenemos más remedio que rechazar de plano este viaje y, por la tanto, la posibilidad de que el tesoro de los templarios llegase al Nuevo Mundo para buscar su morada definitiva.

LA ENIGMÁTICA CAPILLA ROSSLYN

La antigua colegiata de San Mateo, fundada en 1446 por William Saint Clair, se ha convertido, merecidamente, en uno de los edificios más investigados por todos los amantes del misterio. La publicación del libro de Dan Brown, *El código Da Vinci*, contribuyó decisivamente a la hora de dar a conocer esta extraña capilla, ahora llamada Rosslyn, haciendo de ella uno de los destinos turísticos más importantes de toda Escocia. Eso se debe a la existencia de unos enigmáticos códigos secretos y un rico simbolismo, como el presente en la columna del Aprendiz, cuya interpretación ha dado lugar a diversas teorías que sitúan allí todo tipo de tesoros.

Uno de los trabajos más utilizados y que nos ofrecen una información más detallada sobre el edificio es la *Genealogy of the Saintesclaires of Rosslyn,* de Richard Augustine, escrito en 1700. Según este autor, hijastro del conde de Rosslyn y con acceso a todos los documentos conservados por la familia hasta ese momento, la capilla fue construida por Saint Clair para agradecer a Dios todo lo que le había concedido durante su larga vida. Si

La columna del Aprendiz. La elaboración de este magnífico pilar situado en la Capilla Rosslyn está claramente relacionado con antiguas leyendas veterotestamentarias. A pesar de las múltiples interpretaciones que se han ofrecido sobre su significado, todos coinciden en señalarlo como un claro reflejo del extraño simbolismo que envuelve este edificio.

hubo algún motivo oculto y fuera de lo común no queda recogido en este trabajo, por lo que los investigadores no han tenido más remedio que acudir a los cientos de relieves presentes en capiteles, arcos y ventanas para tratar de desentrañar la incógnita.

¿A qué relieves y símbolos nos referimos? Los hay de muchos tipos, y algunos de ellos de muy difícil comprensión, como los encontrados en la nave central del templo, donde destacan decenas de estrellas de cinco puntas, símbolos solares y lunares, cuatro ángeles o una paloma, interpretada como un emblema templario. También existen multitud de símbolos florales y en el centro de un arco apuntado, un escudo con una cruz sostenida por dos manos. En lo alto de una columna también vemos un león luchando contra un caballo o un unicornio, lo que parece reflejar una lucha entre Dios y el demonio.

En la nave norte se conserva una de las piezas más interesantes del conjunto, la lápida sepulcral del William Saint Clair del siglo XIV, relacionado con la llegada de los templarios a tierras escocesas, y cuya interpretación llevó a Andrew Sinclair a desarrollar su investigación en la obra *The Sword and the Grail*, en la que afirmaba que Robert Bruce pidió a los templarios que se convirtieran en una organización secreta, teniendo a los Saint Clair como maestres hereditarios y custodios del enorme tesoro traído desde Francia. Pero hay todavía más.

En la Capilla de la Señora puede observarse una curiosa e indescifrable decoración en la que destacan numerosos ángeles, así como unos misteriosos hombres-verde representados como grotescos personajes de cuyas bocas salen hojas y otros elementos vegetales. También encontramos una peculiar representación del demonio y una serie de extraños ángeles, con sus cuerpos repletos de plumas, que han sido interpretados como símbolos masónicos. Pero, entre todos estos elementos, uno es el que llama más la atención. Cerca de la entrada a la sacristía podemos observar dos columnas, la del Maestro Constructor y la columna del Aprendiz, sobre la que existe una curiosa tradición.

Según cuenta la leyenda, cierto día el maestro de obras de la capilla pidió permiso al generoso William Saint Clair para marchar a Roma y poder estudiar una hermosa columna con la intención de reproducirla después en la Capilla Rosslyn. El tiempo pasó, y la impaciencia del noble escocés fue aumentado, tanto que llegó a pensar que el maestro se había quedado en la Ciudad Eterna trabajando en alguno de los muchos edificios que deslumbraban en la poderosa urbe. Ante su asombro, un día se presentó ante él un joven aprendiz de cantero que se ofreció a tallar la columna tal y como se le habría aparecido después de un extraño sueño. Y así fue. Saint Clair accedió, y para asombro de todos, la pieza resultante fue de una inigualable belleza. Aún más impactante resultó el momento en que, de improviso, regresó el maestro y vio con sus propios ojos la excelente obra realizada por su alumno. Cegado por el odio, y por ese imperdonable acto de intrusismo profesional, cogió un martillo que tenía a mano y le golpeó salvajemente al muchacho en la cabeza, hiriéndole de muerte. Pues bien, para muchos autores, esta leyenda sería una recreación de la antigua biografía de Hiram, el constructor del templo de Jerusalén, una figura de trascendental importancia para los masones, que en vida se negó a revelar sus secretos a ninguno de sus aprendices; aunque, justo es decirlo, nunca tuvo que recurrir a actos tan expeditivos como el de este irascible maestro de obras escocés.

Al margen de estas tradiciones, la columna del Aprendiz destaca por la aparición de ocho dragones en la parte baja de la misma. La presencia de estos seres mitológicos podría relacionarse con la mitología nórdica, y más concretamente con el Árbol del Conocimiento Yggdrasil.

Para todos los buscadores de tesoros, la pregunta es siempre la misma: ¿puede haber algún tipo de relación entre la existencia de estos llamativos relieves y algún tipo de símbolo que nos permita seguir la pista de un supuesto tesoro de origen templario?

En primer lugar, la presencia de numerosas estrellas de cinco puntas, vinculadas según algunos con los monjes-guerreros, puede tener otra explicación más lógica desde un punto de vista cristiano, como un pentagrama que haría alusión a las cinco llagas de Cristo, provocadas por las heridas recibidas durante la crucifixión. En su intento de encontrar nuevos indicios, trataron de asimilar una cabeza de Cristo bendiciendo con el famoso Bafomet templario, mientras que los símbolos de la Luna y el Sol, emparentados en algún momento con la simbología de la orden, tienen en este contexto una clara filiación crística. Algo similar podemos decir sobre la existencia de una paloma en relieve, que algunos quisieron relacionar con los templarios, pero que en verdad es más fácil interpretar como el Espíritu Santo. Pero lo que más parece desmontar la hipótesis escocesa sobre la ubicación de los tesoros templarios es la identificación del relieve encontrado en la lápida de William Saint Clair, formado por una espada y una especie de grial con una estrella o rueda de ocho puntas, que llevó al investigador Andrew Sinclair a afirmar que su antepasado fue el custodio de la orden en Escocia, pero que en realidad es la rueda de ocho ruedas con la que fue torturada santa Catalina de Alejandría, por la que curiosamente tenían una especial devoción los miembros de la familia Saint Clair.

Todas estas evidencias llevaron a los historiadores a renegar de todas las creencias que relacionaban la capilla escocesa con el misterio, como el investigador español Javier García Blanco, siguiendo a autores como Oxbrow, que cree encontrar la respuesta al enigma de Rosslyn atendiendo a la posición de esos hombres-verde a los que hacíamos referencia. Según él, si recorremos la iglesia en el sentido de las hojas del reloj, estos personajes van envejeciendo, por lo que la iconografía del templo sería una especie de representación de las edades del hombre, con una parte del templo dedicado a la primavera y al inicio de la vida, y otra a la madurez, el envejecimiento y la muerte.

Aun así, son muchos los que se siguen oponiendo a esta postura tan simplista debido, entre otras cosas, a la enorme variedad de los temas representados.

LOS TESOROS DE RENNES-LE-CHÂTEAU

Hay quien dice, tal vez exageradamente, que esta pequeña localidad francesa, situada a escasos kilómetros de la ciudad amurallada de Carcasonna, es uno de los lugares más bellos y apasionantes del planeta. De lo que no cabe duda es de que

Rennes-le-Château es un enclave en el que el misterio palpita de forma intensa, y un lugar donde se han buscado todo tipo de tesoros.

La relación de esta pequeña aldea con el apasionante mundo de lo desconocido y de los enigmas del pasado se inició casi sin querer, cuando en 1885 llegó al pueblo un nuevo párroco llamado Bérenguer Saunière, obligado a ejercer el sacerdocio en un lugar al que casi todo el mundo consideraba el fin del mundo como castigo por su comportamiento indecoroso y ajeno a lo que se consideraba normal en un hombre de fe.

Saunière nació a mediados del siglo XIX, en el seno de una familia de campesinos modestos, con pocas posibilidades de prosperar y con un futuro más que incierto debido al abrumador inmovilismo del que seguía haciendo gala la sociedad francesa, especialmente en esas latitudes. Por este motivo, sus padres decidieron que el pequeño Bérenguer se consagrase a una vida religiosa para tratar de huir del triste destino que condenaba a los vástagos de los pobres campesinos europeos a una vida de penuria, estrecheces e indefensión. Pero Saunière nunca fue un ser conformista, y por eso no tardó en sucumbir a los placeres de la buena vida, demostrando una y otra vez su afición a la comida, el buen vino y la compañía de bellas señoritas que caían presas del encanto de este hombre de unos treinta años, alto, atractivo y ambicioso.

Por este motivo, el joven párroco no se adaptó bien a la vida modesta que se le suponía a un cura rural, en una pequeña localidad como Rennes-le-Château, donde sus escarceos amorosos eran más difíciles de ocultar. Y así fueron pasando los años, sobreviviendo con unos míseros ingresos y las exiguas limosnas de sus avaros feligreses, hasta que en 1891 un hecho fortuito cambió de forma radical su malograda suerte.

Pocos años atrás había comenzado la reconstrucción de la antigua iglesia románica del siglo XI que, al parecer, se caía a pedazos. Al levantar una losa ante el altar mayor, apareció una especie de olla repleta de monedas; un hallazgo que no estaba dispuesto a compartir, de ahí que ordenara hacer

El demonio Asmodeo en Rennes-le-Château. Entre las pistas que nos dejó el abad Saunière en el interior de la iglesia parroquial, tenemos este curioso demonio Asmodeo, al que la tradición le atribuye la función de guardar tesoros ocultos.

salir a todos los obreros, no sin antes asegurarse de que lo encontrado no tenía valor alguno. Poco después decidió seguir inspeccionando el lugar, y al mover un balaustre de madera encontró un cilindro con unos extraños y antiguos documentos guardados en su interior.

Muchos investigadores consideran que Saunière encontró un simple pero abundante tesoro monetario. Otros opinan que halló una serie de pergaminos donde se representaban antiguas genealogías y una serie de jeroglíficos indescifrables, y que por ese motivo tuvo que viajar hasta París, para buscar la ayuda de varios paleógrafos que tradujeran el significado de estos y así resolver el misterio. Fue en ese momento, dicen, cuando el párroco entró en contacto con las corrientes esotéricas de la ciudad de París, y, aunque no están del todo seguros de lo que descubrió, todos comparten la idea de que fue algo muy gordo, ya que desde ese momento las élites parisinas le abrieron sus puertas, y empezó a vivir como un nuevo rico, propietario de una enorme fortuna que utilizó para ascender vertiginosamente en la escala social.

Lo primero que hizo, nada más regresar a su parroquia, fue reedificar el pueblo casi por completo, pero además mandó que le construyeran una nueva casa, la Villa Bethania, rodeada de lujos y donde destacaba una espléndida bodega con algunos de los *caldos* más apreciados del mediodía francés. También inició una inexplicable reorganización del cementerio y ordenó una nueva distribución de sus tumbas, muchas de las cuales fueron cambiadas de lugar, algo que provocaría, años después, la aparición de nuevas hipótesis que tratarían de explicar esta nueva y extraña actitud de Bérenguer Saunière.

No nos deben sorprender las protestas que empezaron a arreciar entre los vecinos, acostumbrados a la vida sencilla y sin sobresaltos que les proporcionaba el diligente trabajo de sus tierras, cuando vieron que su párroco se había vuelto loco. Eso fue al menos lo que ellos pensaron. Pero esas críticas pronto quedaron acalladas cuando Saunière empezó a invertir una escandalosa cantidad de dinero para financiar obras sociales. Es decir, para comprar voluntades.

Sin duda, lo que llamó más la atención en su momento, y aún a día de hoy a los miles de turistas que cada año visitan la localidad francesa, fueron las reformas que mandó realizar en la iglesia, para convertirla en uno de los templos más heréticos de la cristiandad. Esto mismo lo podemos observar desde que entramos en el edificio, ya que una inscripción en el frontispicio advierte al visitante cuando lee: «Este lugar es terrible».

Y ciertamente lo es. Un poco más adelante, después de atravesar el umbral, los inocentes feligreses que acudían a la iglesia para encontrarse con su Dios observaron horrorizados que el demonio Asmodeo los miraba desafiante mientras sujetaba la pila bautismal. Lo que no podían imaginar es que este demonio ha sido considerado una especie de guardián de los tesoros, razón de más para creer que esto respondía a la necesidad de ocultar algo que nos es desconocido. Hay más, mucho más. El suelo del templo está formado por una sucesión de baldosas negras y blancas, algo típico en las construcciones de los rosacruces y masones, mientras que la decoración interior de la iglesia nos ofrece datos conmovedores. En una serie de cuadros se puede ver a María Magdalena soportando en sus carnes el castigo sufrido por Jesús en su camino hacia el Gólgota. Es más, si prestamos atención, podremos ver cómo la Magdalena está embarazada, una idea convenientemente reforzada por la simbología del templo, que insiste en la idea de un posible matrimonio entre Jesús y su acompañante, y en la existencia de una descendencia común perpetuada, según muchos, en la dinastía de los reyes merovingios franceses.

A partir de este planteamiento, surgió una nueva hipótesis que defiende la posibilidad de que esos enigmáticos documentos encontrados por Saunière guardasen este secreto. Unos documentos que, en última instancia, formarían parte del posible, pero improbable, tesoro templario y cátaro de tipo documental.

Esta sería una de las posibilidades que explicaría el tipo de tesoro encontrado por Saunière durante las obras de restauración de la iglesia iniciadas en 1887. Pero hay otras.

Una de ellas sugiere la existencia de un tesoro material de origen templario. Esta teoría está basada en la existencia, en las inmediaciones de la aldea, de un castillo perteneciente a Bertrand de Blanchefort, gran maestre de la orden entre 1156 y 1169, y cuyo apellido está presente en una misteriosa tumba que más tarde tendremos ocasión de estudiar, la de la marquesa Marie de Nègre d'Ables, señora de Hautpoul y de Blanchefort.

Durante su mandato, el poderoso maestre ordenó trasladar a sus dominios a un grupo de trabajadores alemanes especializados en la extracción de metales preciosos. Su intención, al menos aparentemente, era explotar las antiguas minas romanas que se situaban cerca de su castillo. El problema es que estas se encontraban agotadas, una información que ya debía conocer Bertrand, por lo que su intención bien pudo ser otra. Para añadir más misterio, se sabe que prohibió a los trabajadores mantener cualquier tipo de contacto y conversación con las gentes de la zona, posiblemente para mantener ese secreto a salvo. Muchos se preguntaron sobre la posibilidad de que el maestre mandase construir una enorme cavidad para esconder el legendario tesoro templario, formado por algunos objetos sagrados como el Arca de la Alianza, sustraídos de las ruinas del Templo de Salomón durante los primeros años de existencia de la orden, en los que, como ya sabemos, se dedicaron a excavar sin descanso en las entrañas del monte Moriá.

Existe una nueva variante sobre esta posible hipótesis. Hay quien dice que el tesoro templario no fue trasladado hasta Rennes-le-Château durante la vida de Bertrand, sino casi ciento cincuenta años más tarde, cuando, en 1307, Felipe IV urdió su maquiavélico plan para apoderarse de las riquezas de los templarios. A pesar del exhaustivo registro de todas las encomiendas francesas, no se lograron encontrar esas enormes riquezas que el rey francés había visto con sus propios ojos algunos años atrás. Y eso fue así porque los caballeros templarios habrían tenido tiempo suficiente para ocultar el botín; y qué mejor lugar para hacerlo que en esas antiguas minas excavadas por Blanchefort, cuyo recuerdo seguía vivo en la mente del último gran maestre del Temple, Jacques de Molay.

Otra de las posibilidades relaciona lo encontrado por el párroco francés con el conocido tesoro de los cátaros. Este grupo de peligrosos herejes cristianos, hartos de la corrupción de la Iglesia y del pago del diezmo, defendían, entre otras cosas,

Ruinas del castillo de Bertrand de Blanchefort. Muy cerca de la localidad de Rennes-le-Château aún podemos visitar las ruinas de este antiguo castillo perteneciente a uno de los grandes maestres de la Orden del Temple, lo que ha alimentado la aparición de nuevas teorías que han relacionado el tesoro encontrado por Saunière con el de los templarios.

una nueva visión de su religión que fuese más humilde, tolerante y culta. Los cátaros lograron extender su mensaje por el Languedoc francés, ganaron muchos apoyos y se convirtieron en un auténtico peligro para la Iglesia católica que no tuvo más remedio que organizar una cruzada a mediados del siglo XIII para terminar, de una vez por todas, con la herejía cátara. La violencia desatada contra ellos fue tan atroz que uno de los líderes del ejército cruzado, el ruin Arnau Amalric, aconsejó matar a todos aquellos que se encontrasen en poblaciones con presencia cátara, ya que Dios reconocería posteriormente a los suyos y les ofrecería la salvación eterna.

La cruzada albigense, tal y como se la llamó, terminó en 1244 con la conquista del último reducto cátaro, el castillo de Montsegur, después de un largo y penoso asedio de diez meses de duración. El 16 de marzo de ese mismo año, doscientos veinte cátaros fueron quemados vivos en una pequeña planicie situada debajo del castillo, conocida hoy como El Prat dels Cremats, lo que supuso el epílogo a un episodio que a pesar del tiempo transcurrido sigue ofreciéndonos una excelente lección de historia, y que nos advierte de los peligros inherentes a cualquier tipo de radicalización de las posturas, tanto ideológicas, como religiosas. Y sean del signo que sean.

Algo pasó que dejó abiertas, nuevamente, las puertas del misterio. La noche anterior a la rendición del castillo cuatro hombres lograron escabullirse y escapar de allí con la intención de poner a salvo el tesoro cátaro. Debemos de suponer que no era, por lo menos, muy voluminoso, ya que estos cuatro individuos descendieron por una escarpada y peligrosa pared vertical antes de ponerse a salvo. Según unas antiguas actas inquisitoriales, estos individuos llevaron consigo el famoso tesoro espiritual de la fe cátara, cuya naturaleza no es conocida, pero sobre la que existen distintas hipótesis. Quizás se trataba del auténtico Evangelio de San Juan, el único válido para ellos, aunque la idea más extendida es la que relaciona este misterio con el Santo Grial. Hay incluso quien considera que la copa de Cristo fue trasladada a la fortaleza situada en Rennes-le-Château, aunque otros prefieren que los cuatro individuos se marcharon con unos documentos que probarían la descendencia secreta de Jesús y María Magdalena, la sangre real, que como imaginará el lector sería lo que encontró Saunière durante la reforma de la iglesia parroquial en 1891.

Lo realmente curioso es que estas mismas actas inquisitoriales nos permiten suponer la existencia de otro tesoro cátaro, este material, formado por grandes sacos de piedras preciosas y monedas de oro. En 1243, el castillo de Montsegur resistía a duras penas el implacable asedio del ejército cruzado. Para estas fechas, los cátaros empezaron a recibir ayuda de diversos condes y aristócratas europeos que, desde hacía tiempo, simpatizaban con los herejes. Grandes cantidades de víveres, dinero y armas fueron introducidas en el interior del castillo a partir de una intrincada red de túneles subterráneos que recorrían el interior de la montaña. Fue por este mismo lugar por donde los cátaros Pierre Bonet y Matheus lograron salvar su tesoro material para entregárselo al perfecto Pons-Arnaud de Castelverdun, de la región de Sabarthes, lugar donde existen multitud de cuevas en las que se ocultaron los últimos cátaros.

Finalmente, una nueva hipótesis pretende relacionar el botín encontrado por Saunière con el lugar donde fue ubicado el antiguo tesoro sagrado de los visigodos. La actual Rennes-le-Château se asienta sobre las ruinas de una importante fortaleza visigoda, Rhedae. Tras la muerte del rey Alarico en 410 d. C., Ataúlfo decidió marchar hacia el norte y establecerse en el sur de Francia con la intención de ofrecer a su pueblo un hogar donde vivir. Lo que muy poca gente sabe es que el nuevo rey era dueño de las tierras en las que hoy se asienta Rennes, que además era conocido como el rey de la Montaña Negra, con la casualidad de que bajo el castillo de Blanchefort se situaba la Roque Negre, una formación rocosa posiblemente relacionada con el apodo de Ataúlfo. La conclusión lógica sería pensar que el rey visigodo ocultó allí parte de lo saqueado en Roma para evitar que cayese en manos de alguno de los pueblos rivales que proliferaban a su alrededor.

La existencia de todas estas pistas y la compleja interpretación de los símbolos presentes en el interior de la iglesia de Rennes-le-Château provocaron la aparición de un sinfín de hipótesis sobre la naturaleza del tesoro encontrado por Saunière a finales del siglo XIX. Para tratar de no alejarnos de la realidad, decidí centrar mi atención en el estudio de los pocos hechos históricos que aparecen claramente constatados.

Sabemos que Bérenguer Saunière llegó al pueblo en 1885 y que empezó la reconstrucción de la iglesia dos años más tarde, en 1887. Como consecuencia de esta importante remodelación, descubrió un pergamino con un mensaje aún desconocido en 1891, y ese mismo año, tal y como refleja en su diario personal, encontró una tumba después de levantar la Losa de los Caballeros, debajo de la cual había importantes objetos de valor. Tras su viaje a París, el párroco inició los trabajos nocturnos en el cementerio en 1895, lo que provocó las iras de sus vecinos

Castillo de Montsegur. Unos largos y tortuosos túneles podrían estar ubicados en el interior de una montaña mágica donde resistieron los herejes cátaros durante 1243.

que fueron definitivamente silenciadas después de que Saunière empezase a dar muestras de una riqueza fuera de lo común y sin explicación lógica. Terminados los trabajos de restauración en 1900, mandó construir Villa Bethania y la famosa Torre Magdala. A todo esto debemos añadir las declaraciones de su ama de llaves, Marie Denarnaud, con la que mantuvo una larga relación amorosa y que, tras la muerte de Saunière, reconoció conocer el lugar exacto donde se encontraba escondido el tesoro. No fueron pocas las ocasiones en las que reconoció que los vecinos de Rennes-le-Château caminaban sobre oro sin saberlo; y para esto sólo hay dos explicaciones posibles. O a la antigua amante de Bérenguer se le fue la cabeza antes de morir, aunque justo sea decirlo, sus más allegados aseguraron que se fue para el otro mundo con la cabeza muy lúcida; o más probablemente quiso advertir a sus paisanos de que ese pueblo escondía, en realidad, uno de los tesoros más espectaculares de los que aún quedan por descubrir en esta vieja Europa, y decir el lugar exacto donde deberían buscar antes de que Dios le llamase a su presencia. Por desgracia para Marie Denarnaud, y especialmente para el resto de vecinos, el ama de llaves falleció sin desvelar el auténtico secreto que todos estaban esperando conocer, dejando con la miel en los labios a todos sus paisanos, que echaron en cara a la vieja Marie el no haberse dado un poquito más de prisa.

La pregunta es ¿qué encontró el párroco francés como consecuencia de la remodelación de la iglesia? Muchos creen que el origen de su fortuna radica en el hecho de que Saunière se hizo con unos documentos que le permitieron chantajear, o bien a la Iglesia católica, o bien a antiguas familias dinásticas con pretensiones políticas sobre la desaparecida monarquía francesa. Otros consideran, en cambio, que el cura se enriqueció porque encontró oro, mucho oro, en una tumba situada bajo la Losa de los Caballeros. Yo comparto esta segunda opinión, más aún en mi convencimiento de que un pequeño cura francés, de procedencia tan humilde, habría terminado perdiendo la cabeza si hubiese osado turbar la paz de estos grupos tan poderosos.

De lo que se trata entonces es de hallar el lugar exacto donde estaba esa tumba y descubrir todas las riquezas que aún deben encontrarse en su interior. Afortunadamente, una serie de pistas nos permiten especular sobre su ubicación para intentar seguir su rastro.

El estudio de los documentos del antiguo registro parroquial de los años 1694-1781 nos permite conocer la ubicación de la tumba de los señores de Rennes, cerca del balaustre de la iglesia. Esta información no contradice las noticias recogidas en un testamento de uno de los señores del lugar, Henri de Hautpoul, cuando afirma, en 1695, su intención de ser enterrado en la tumba parroquial, o cripta, de sus predecesores, situada en la iglesia parroquial de Rennes. Existe otra prueba documental, clave para entender esta investigación detectivesca sobre el verdadero tesoro de Rennes-le-Château, aportada por el profesor Cholet, que

Cementerio de Rennes-le-Château. Las últimas investigaciones permiten suponer la existencia de un pasadizo secreto, bajo una de las tumbas del cementerio, que llevaría directamente hasta la cripta donde se enterraron los miembros de la familia Blanchefort-Hautpoul.

inició excavaciones arqueológicas en este lugar, acompañado por el doctor Malacan y el abad Rivière. Esta consiste en un documento datado en el siglo XVIII, donde se menciona la existencia de una cripta bajo la iglesia, cuyo acceso habría sido tapado. Siguiendo estos indicios, Cholet logró hallar bajo el púlpito parte de una escalera que, al parecer, descendía en dirección al cementerio, mientras que otra escalera surgía desde una especie de habitación secreta en dirección sur. No nos cabe duda de que esta tumba fue lo que encontró el párroco francés, desencadenante de su radical cambio en su estilo de vida y de la posterior remodelación que sufrió el cementerio tras su vuelta de París. Resulta bastante obvio que Saunière encontró varios accesos a la cripta subterránea que existía debajo de la iglesia, algo posteriormente verificado gracias a la utilización de tecnología moderna que ha permitido descubrir la existencia de esta tumba a la que no tenemos acceso. En 2001, Robert Eisenman constató esta evidencia, mientras que, en 2009, un equipo británico, encabezado por Richard Heygate, realizó una lectura con un radar GPR cuyos resultados, aún sin ser públicos, permitieron sacar importantes conclusiones.

Se demostró que existían dos cavidades unidas por un pequeño corredor bajo el suelo, de las cuales una era más grande que la otra. En este lugar se enterraron a los miembros de la familia Blanchefort-Hautpoul, uno de cuyos más antiguos representantes fue el gran maestre de la Orden del Temple a mediados del siglo XII. Allí siguieron haciéndolo sus descendientes, hasta que, en 1781, Marie de Negre d'Ables, marquesa de Hautpoul, tuvo que ser enterrada fuera de la iglesia debido a la promulgación de una ley, la *Lettres-Patente de Roi,* que prohibía la inhumación de cualquier persona en el interior de una iglesia, a no ser que fuese un arzobispo, obispo, sacerdotes o altos dignatarios.

Incapaz de hacerse a la idea, la marquesa urdió un magnífico plan para poder burlar esta injusta orden. Siendo consciente de la existencia de una entrada secundaria a la cripta, situada en una de las tumbas del cementerio, y más concretamente en la que estaba bajo un pilar empotrado al campanario de la iglesia, la marquesa decidió ser enterrada junto a sus antepasados (se accedía a la cripta por el acceso del cementerio) y, posteriormente, tapar dicha entrada para que no se descubriese el engaño.

Esta acción explicaría de forma coherente la actuación de Bérenguer Saunière al encontrar su tesoro en el interior de la iglesia. Después de descubrir la existencia de todas estas cámaras secretas y túneles, algunos de los cuales desembocaban en el cementerio parroquial, decidió remodelar el campo santo para camuflar el acceso a la cripta de los señores de Rennes. Curiosamente, una de las primeras tumbas que desplazó fue la de la marquesa, en cuya posición puso la de un desconocido anciano, fallecido el 22 de abril de 1896, para tapar el acceso a su botín, impedir que nadie descubriese la entrada y, así, guardar su secreto durante muchos años, tantos que a día de hoy esa tumba sigue impidiendo la entrada a unas cavidades donde podría hallarse todo su oro.

Una vez establecida la ubicación de la entrada secreta a la tumba, debemos preguntarnos de qué tipo de tesoro estamos hablando. La mayor parte de los investigadores y buscadores de misterios, que todos los años marchan a la localidad francesa con la intención de desvelar su secreto, llegan seducidos por una idea que en los últimos años ha generado una enorme expectación: la posibilidad de que allí se encontrase algún tipo de prueba sobre la existencia de una posible descendencia de Jesús y María Magdalena. Pero, en el caso de Rennes-le-Château, los tiros parecen que no van por ahí.

La evidencia arqueológica demuestra que el antiguo castillo condal de los siglos IX al XIII estaba situado justo encima de lo que hoy es la iglesia, el cementerio y la casa particular de Saunière y que, además, la propia iglesia se halla construida sobre la antigua capilla del castillo. Es de suponer que la tumba de los antiguos señores de Rhedae, situada en un principio en la cripta del castillo, quedó debajo de la iglesia cuando esta fue construida en el siglo XI, mientras que su acceso fue sellado con la Losa de los Caballeros. Pasado el tiempo, los Hautpoul construyeron una segunda tumba bajo el púlpito que explicaría la existencia de estas dos cavidades claramente visibles gracias a los estudios realizados con radares GPR.

Como vemos, la posible existencia de enterramientos con importantes ajuares funerarios datados en los siglos centrales de la Edad Media, y más concretamente de aquellos en los que se produjo el aumento de la importancia del Temple en Europa, es más que probable, más aún si tenemos en cuenta unos episodios olvidados en la biografía de Bérenguer Saunière que confirmarían esta sospecha.

Sabemos que el párroco, haciendo gala de esa nueva riqueza que nadie podía explicar, utilizó su enorme fortuna surgida de la nada para tener contentos a sus vecinos de Rennes y para no verse molestado por ciertos personajes que empezaban a desconfiar de su actitud. A la sobrina de su ama de llaves le regaló un collar y un brazalete visigodos; y al abad Courtauly, una colección de monedas merovingias y carolingias. A su compañero Grassaud le obsequió con un imponente cáliz de oro del siglo XIII, que sin duda debió de formar parte del grandioso botín encontrado bajo la iglesia. Todos estos objetos nos permiten intuir, casi asegurar, la existencia de un tesoro material de origen medieval. Muchos incluso piensan en la posibilidad de que su origen fuera templario, algo que no debería extrañarnos teniendo en cuenta la relación de algunos de estos señores, entre ellos Bertrand de Blanchefort, con la Orden del Temple y por la certeza que tenemos sobre la ubicación de sus tumbas en esta misteriosa iglesia de Rennes-le-Château que sigue sin desvelar su secreto.

Capítulo 7
Los tesoros de la Segunda Guerra Mundial

EL ORO DE LOS NAZIS

Esa mañana había amanecido más tranquila de lo que había sido habitual en los últimos días de abril de 1945. Berlín se encontraba totalmente rodeada por un enorme ejército soviético, compuesto por cientos de miles de soldados ansiosos por saciar su sed de venganza sobre una población que ya se había plegado ante su destino. A pesar de todo, los alemanes seguían resistiendo. No tenían otra salida. Durante semanas habían estado escuchando terroríficas historias sobre las atrocidades perpetradas por los hombres del Ejército Rojo en todos aquellos pueblos y ciudades por los que habían pasado hasta llegar a la capital. Los berlineses decidieron combatir hasta el final, aunque este se antojaba muy cercano.

Los jerarcas nazis y los altos mandos de las terribles SS, encerrados junto a su *führer* en el búnker de la Cancillería, recorrían las calles de la capital animando a sus compatriotas a seguir luchando mientras los inflamaban con la esperanza de una nueva arma secreta que podría hacer cambiar el rumbo de la guerra. Tenían que ganar tiempo, fuese como fuese, y por eso Hitler ordenó la movilización general de todos los varones que aún no habían caído luchando contra los rusos. A partir de ese momento, los niños y ancianos berlineses se encargarían de la defensa de la ciudad, dispuestos a hacer pagar muy cara su derrota.

De repente, todo volvió a quedar sumido en un espantoso caos, cuando miles y miles de obuses y cohetes soviéticos empezaron a caer de nuevo sobre el centro de la ciudad. Esta vez el objetivo era muy claro. Los soldados del Ejército Rojo debían avanzar hacia el lugar donde se encontraba la Cancillería del Reich, en cuyas cercanías se encontraba la puerta de acceso al famoso búnker donde se escondían Hitler y sus hombres de confianza. Las explosiones retumbaron en lo que en su día fue el centro neurálgico del temido Tercer Reich, lo que obligó a sus defensores a buscar cobijo entre las ruinas de los pocos edificios que aún se mantenían en pie. Pero lo peor aún estaba por llegar.

Una extraña vibración se convirtió en el preludio de un ensordecedor rugido procedente de una división de tanques rusos que, desde ese momento, se esforzaba por hacerse un hueco entre los numerosos obstáculos que se interponían entre las posiciones soviéticas y las de los últimos defensores alemanes. Una sensación de pánico se apoderó de los desorganizados niños y ancianos que no sabían cómo detener esa avalancha que se les venía encima. Si los rusos llegaban al otro extremo de la larga avenida, todo estaría perdido, no habría posibilidad de organizar una nueva línea de defensa.

Justo en ese momento, un joven de unos quince años de edad salió de entre los escombros y corrió hacia una pequeña pieza de artillería que se encontraba justo detrás de una endeble barricada. Tras muchos intentos consiguió, por fin, armar la pieza y disparar a un enorme tanque que amenazaba con pasar por encima de él, con tan buena fortuna que logró inmovilizarlo, primero, y después dejarlo fuera de combate. Espoleados por el arrojo del joven, los alemanes empezaron a salir de sus escondrijos para frenar, costase lo que costase, el avance del ejército ruso. Lo que siguió a continuación fue una auténtica carnicería.

De improviso, miles de soldados soviéticos empezaron a tomar posiciones en ambos lados de la calle, mientras que los alemanes se vieron obligados, por su falta de municiones, a disparar sólo cuando las condiciones de tiro eran óptimas para ellos. Un joven oficial trató de hacerse oír entre el fragor de la batalla, recordando a sus camaradas el esfuerzo que les exigía su país para derrotar al gigante asiático. Debían mantener esa posición si querían frenar la ofensiva rusa, aunque sólo fuese durante unas pocas horas más. Por ese motivo, el teniente se lanzó a la carrera hacia el lugar donde se situaba la pieza de artillería, con tan mala suerte que, cuando estaba a escasos metros de su destino, un disparo certero procedente de un francotirador ruso le segó la vida de forma instantánea. Su muerte caldeó los ánimos de los combatientes comunistas que de forma masiva empezaron a avanzar con la intención de terminar de una vez por todas con esos malditos nazis. Pero los alemanes ya no luchaban por su *führer*, hacía tiempo que no lo hacían, sino por la supervivencia de su propio país y la de sus apesadumbradas gentes. Por eso no lo dudaron ni un solo momento y salieron de sus posiciones para frenar la acometida de un enemigo mucho más poderoso que ellos. Utilizando los pocos medios que tenían a su alcance, lograron, contra todo pronóstico y tras un enorme sacrificio, hacer retroceder al descomunal Ejército Rojo, que tuvo que esperar al día siguiente para reemprender la lucha.

A pocos metros de este lugar, un desesperado y enfermo Adolf Hitler decidía poner fin a su vida junto con su esposa Eva Braun. Era el 30 de abril de 1945, y el que hubo de ser el Reich de los mil años se preparaba para desaparecer arrastrando al pueblo alemán hacia la miseria más absoluta. Los principales protagonistas del Partido Nacional Socialista Alemán corrieron la misma suerte que la del *führer*. Heinrich Himmler, jefe de las SS, se suicidó al verse atrapado y sin posibilidad de huir de la persecución a la que fue sometido por parte de los ejércitos aliados nada más terminar la guerra. El ministro de propaganda, el doctor Goebbels, junto con el resto de su familia, decidió acompañar a

Bormann junto a Adolf Hitler. Martin Bormann fue uno de los dirigentes más brutales del Partido Nacional Socialista Alemán y, tal vez por eso, se ganó la confianza del *führer*. Las causas de su desaparición siguen siendo debatidas setenta años después de la finalización del conflicto. Para muchos fue el responsable de ocultar el enorme tesoro nazi para poder financiar un futuro IV Reich.

su jefe hasta la tumba protagonizando uno de los episodios más dramáticos y escalofriantes en la historia de este movimiento cuando decidió, junto con su mujer, envenenar a todos sus hijos para evitar que se criasen en un régimen que no fuese nacionalsocialista. El jefe de la Luftwaffe, Herman Goering, prefirió ingerir una cápsula de cianuro antes de ser ahorcado después de haber sido condenado por el tribunal de Núremberg.

Mientras todo esto ocurría, uno de los jerarcas más importantes del movimiento, tal vez el más querido por Hitler, decidió escapar del búnker para encontrar asilo en un país lejano y, desde allí, gestionar los miles de millones de dólares en forma de lingotes de oro y piedras preciosas que había logrado atesorar para reconstruir un hipotético y futuro IV Imperio Alemán cuando las circunstancias se lo permitiesen. La pregunta es ¿de dónde salió todo este oro? Según los historiadores, tras la anexión de Austria y Checoslovaquia, poco antes del inicio de la Segunda Guerra Mundial, las reservas de oro alemanas se incrementaron en unos setenta y un millones de dólares. Pero lo mejor para los nazis estaba aún por llegar, ya que, durante los años en que los alemanes se mostraron invencibles y sus ejércitos lograron conquistar casi toda Europa, lograron expoliar unas enormes cantidades de lingotes de oro valoradas en unos quinientos cincuenta millones de dólares. A todo esto tenemos que añadir todo lo que arrebataron a su propio pueblo, especialmente a los disidentes políticos y a los judíos.

No nos cabe duda de que parte del oro se utilizó para intercambiar materias primas con otras potencias supuestamente neutrales, como Suiza y España, pero desde hace mucho tiempo se ha apuntado la posibilidad de que una parte de su tesoro fuese escondido en algún lugar desconocido que aún no se ha podido identificar. Y en toda esta historia, desempeña un papel destacado el secretario personal de Adolf Hitler. La versión oficial asegura que Bormann murió inmediatamente después de salir del refugio, pero no son pocos los que siguen pensando que el secretario personal del *führer* escapó con vida e inició un largo viaje que le llevaría hasta Argentina, lugar donde logró sobrevivir hasta 1972, año en que Bormann murió llevándose a la tumba el

Partitura de *Marcha Impromptu*. Esta partitura compuesta por Gottfried Federlein ha sido interpretada como un auténtico mapa del tesoro, cuya correcta comprensión nos permitiría conocer el lugar exacto donde fue enterrado parte de la reserva monetaria del régimen nacional socialista.

secreto sobre el destino del enorme tesoro monetario del brutal régimen nacionalsocialista.

En abril de 1945, los jefes del Reichsbank trataron de esconder una parte de esta reserva monetaria en Einsiedl, un pueblo situado a orillas del lago de Walchen, en Baviera, que siempre fue considerada como el último bastión defensivo de una Alemania agonizante. La suerte no fue propicia para los nazis, ya que la operación no pudo, ni siquiera, llevarse a cabo, pero hay motivos suficientes para creer que una parte de este oro, unos cien lingotes, pudo quedar oculta en algún lugar cercano al lago. Una vez terminada la contienda, los rumores empezaron a propagarse, y esto empujó a un variopinto grupo de cazatesoros a iniciar una búsqueda cuyos resultados no fueron los deseados.

Hubo muchos intentos, pero uno de los más llamativos tuvo como protagonista a un músico y director de cine holandés, Leo Giesen, que en 2012 aseguró haber descubierto la solución al enigma del oro nazi. Según él, los alemanes habrían escondido los lingotes en la ciudad bávara de Mittenwald, situada a dieciséis kilómetros de Einsiedl. Tan seguro estaba de sus deducciones que marchó hacia esta bella localidad con una excavadora dispuesto a perforar sus calles en busca del tesoro, algo que provocó algún que otro problema con las autoridades locales.

Para explicar esta teoría, el autor recurre a una vieja leyenda relacionada, nuevamente, con la huida de Bormann durante los momentos finales de la Segunda Guerra Mundial. Al parecer, el secretario del *führer* pudo anotar en una partitura musical del compositor Gottfried Federlein, la *Marcha Impromptu,* una serie de letras, figuras y runas cuya correcta interpretación nos permitirían conocer el lugar exacto donde se ocultó el tesoro.

Hemos de suponer que la partitura tendría que haber llegado hasta alguno de los contactos que Bormann tenía en Múnich. Pero no fue así, y su rastro se perdió durante muchos años hasta que finalmente cayó en manos de un periodista holandés llamado Jarl Hammer Kaatee, que dedicó parte de su vida a tratar de descifrar su secreto. Una y otra vez lo intentó, pero el enigma parecía no tener solución; y por eso decidió publicar la partitura en internet en diciembre de 2012. Poco después, Giesen llegó a la conclusión de que este lugar no podía ser otro más que Mittenwald, ya que en una de las líneas de la partitura se podía leer: «Wo Matthias die Saiten Streichelt» [Donde Matthias acariciaba las cuerdas], que según él haría referencia a Matthias Klotz, un eminente lutier de Mittenwald, cuya fama fue imperecedera.

Pero hay más. Esta partitura parece esconder un diagrama, apenas perceptible, sobre las vías del tren que atravesaban la localidad alemana durante los años cuarenta, mientras que la cita «Ender der Tanz», cuya traducción es «Finaliza la danza», indicaría que los lingotes estaban guardados bajo el tope de la vía.

El principal problema con el que se encontró el director holandés fue el desconocimiento del trazado de las vías durante los años cuarenta, lo que le obligó a realizar diversas perforaciones cuyos resultados no fueron los esperados, y por lo tanto insuficientes para desvelar este nuevo misterio relacionado con el régimen nacionalsocialista y sus líderes, que llevaron a Alemania hacia su total destrucción.

EL TESORO SECRETO DE LAS SS

Mucho antes de la caída de Berlín, los alemanes habían empezado a perder la guerra después de ser derrotados en Stalingrado y en la batalla de Kursk, entre julio y agosto de 1943, en la que el Ejército Rojo consiguió destruir las principales fuerzas acorazadas de la Wehrmacht. Desde ese momento, el ejército alemán se puso a la defensiva, incapaz de sobreponerse a la presión que los aliados ejercían sobre todas las fronteras de su debilitado Reich.

La fe ciega en el *führer* empezó a resquebrajarse; y por eso, en este mismo año, el jefe de las SS, Heinrich Himmler, ordenó la creación de un lugar de repliegue donde poder seguir combatiendo si se confirmaba la caída de Berlín. El lugar elegido fue la Franconia, al norte de Baviera, un enclave al que consideraron inaccesible y, por lo tanto, idóneo para poder seguir combatiendo ilimitadamente.

Hasta este lugar se trasladó la famosa Ahnenerbe, la Sociedad para la Investigación y Enseñanza sobre la Herencia Ancestral Alemana, integrada dentro de la SS, cuyo objetivo había sido rastrear los orígenes de la raza aria y hacerse con los más importantes objetos sagrados de todas las religiones para emplearlos en la conquista de su nuevo imperio. No cabe duda de que alguna de estas reliquias cayeron en sus manos, de ahí el interés que tuvieron los aliados cuando en abril de 1945 llegaron hasta el cuartel general de la Ahnenerbe dispuestos a recuperar unas reliquias a las que se les había perdido el rastro durante mucho tiempo. Se sabe que el Ejército Rojo logró apoderarse de buena parte de los expedientes que se guardaban en su sede central, pero los más importantes parece que fueron destruidos por los propios alemanes para evitar que cayesen en manos de sus odiados enemigos, lo que dificultó la comprensión de algunos de los elementos históricos más controvertidos del régimen hitleriano.

La destrucción de estos textos por parte de los miembros de las SS se explica por su deseo de ocultar el lugar donde desde entonces descansarían sus valiosas piezas arqueológicas y diversos objetos religiosos de carácter sagrado que habían logrado expoliar durante los años en que los alemanes sometieron a sus enemigos gracias a la puesta en práctica de su famosa guerra relámpago.

No tardaron en aparecer todo tipo de teorías sobre la posible ubicación de estos tesoros nazis. Según el investigador Jean Michel Angebert, estos quedaron ubicados en una base secreta situada en la Antártida, lo que concidiría con una absurda leyenda que habla de la existencia de un reducto nazi en el continente helado que espera su momento para volver a proclamar el nuevo Reich.

Más consistencia tiene la hipótesis de la existencia de un emplazamiento entre los Alpes bávaros y la región austriaca de Aussee, donde los nazis construyeron una serie de refugios a los que se trasladaron en 1945 para seguir combatiendo. Según el famoso *cazador* de nazis, el judío Simón Wiesenthal, las SS llevaron hasta este recóndito paraje sus documentos más comprometidos, así como la mayor parte de su famoso tesoro, donde estarían, indudablemente, estos objetos de poder.

En este sentido, un extraño suceso, acontecido el 2 de mayo de 1945, puede arrojar algo de luz sobre este desconocido episodio histórico. Ese día, un destacamento formado por algunos de los oficiales supervivientes de las SS tomaba posiciones en la ruta que unía las ciudades austriacas de Salzburgo e Innsbruck para permitir que un convoy que venía desde el Berghof, el Nido del Águila de Adolf Hitler, llegase hasta el valle del Isar siete días más tarde. Desde este lugar prosiguieron su viaje buscando la protección de la montaña, hasta que llegaron hasta el macizo de Zillertal, donde dejaron su misterioso cargamento y se dispersaron para no volver a aparecer jamás. Según cuenta la leyenda, un pequeño destacamento de las SS se hizo cargo de su tesoro sagrado, para posteriormente llevar a cabo otra de esas extrañas ceremonias que protagonizaron los miembros de la Ahnenerbe durante los años que duró esta locura.

Tras este acto mágico-religioso, los responsables del desconocido tesoro transportaron un enorme cofre de plomo por un sinuoso sendero que los condujo hasta el glaciar de Schleigeiss, situado al pie del Hochfeiler, una montaña de tres mil metros de altura, donde fueron enterrados los objetos de poder. Pero aquí no termina esta truculenta historia, ya que los rumores comenzaron a extenderse haciendo que numerosos cazadores de tesoros

En algún lugar de la bella montaña austriaca Hochfeiler, de más de tres mil metros de altura, puede seguir escondido el famoso tesoro secreto de las SS.

llegasen hasta el lugar con la intención de solucionar el enigma. Y como no pudo ser de otra manera, es en este momento cuando este tesoro adquiere un carácter maldito, ya que muchos de los aventureros murieron terriblemente mutilados, como el oficial austriaco Franz Gottliech o los alpinistas Helmuth Mayr y Ludwig Pichler, al precipitarse por las escarpadas pendientes de la escabrosa montaña. Una suerte parecida sufrió Emmanuel Werba, que en 1952 murió decapitado cuando trataba de encontrar las reliquias. Todos estos acontecimientos aumentaron las sospechas de que los últimos supervivientes de la temible Orden Negra seguían existiendo, y que su único objetivo seguía siendo mantener en secreto su tesoro sagrado.

¿Qué buscaron todos estos aventureros? Como dijimos, un gran cofre metálico, que se encontraba enterrado en el hielo del glaciar y que desde tiempo atrás se encontraba custodiado por las SS. En cuanto a su contenido, y como suele ocurrir en estas ocasiones en las que el investigador no cuenta con ningún tipo de documento que le permita establecer un tesis racional, las propuestas son abundantes, más aún si consideramos que los nazis anduvieron detrás de todo tipo de objetos sagrados durante los años que estuvieron en el poder. Sabemos que buscaron el Arca de la Alianza, y que el arqueólogo alemán Otto Rahn recorrió el Languedoc francés en busca del Santo Grial. Pero no sólo eso, también persiguieron las Calaveras de Cristal cuando, en 1943, Karl Maria Willigut organizó una expedición a tierras sudamericanas para descubrir los métodos mágicos de los sacerdotes precolombinos, heredados de la mítica Atlántida que, para colmo, serían los antecesores de la raza aria. Y por más absurdo que nos parezca, los miembros de la Ahnenerbe organizaron una nueva expedición para buscar, nada más y nada menos, que el Martillo de Wotan, uno de los símbolos del dios nórdico de la guerra.

Todos ellos se convirtieron en candidatos para formar parte de este tesoro secreto de las SS, que a día de hoy sigue desafiando a nuevos investigadores que aún no se han dado por vencidos.

EL SALÓN DE ÁMBAR

En 1717, el rey Federico Guillermo I de Prusia le regaló al zar, Pedro el Grande, una magnífica habitación hecha con cuatrocientos kilos de ámbar que pronto se convirtió en uno de los símbolos más preciados de la monarquía rusa. Este bello salón fue construido, entre 1701 y 1709, por artesanos rusos y alemanes, con varios miles de piezas de ámbar utilizadas para crear paneles de revestimiento, a la que se le unió una decoración con pan de oro y espejos.

El ámbar era un material muy apreciado por su atractivo cromatismo, pero también por las propiedades mágicas con las que se le relacionaba. Con este regalo, la intención de los alemanes fue estrechar, aún más, la alianza entre los dos países, y además conseguir el apoyo del zar para afrontar con garantías la guerra entre prusianos y suecos.

Su primer destino fue el Palacio Imperial de Invierno, residencia oficial del Pedro I a principios del siglo XVIII, pero algo más tarde, en 1755, fue trasladado hasta el Palacio de Catalina en Tsárkoye Selo, situado a veinticinco kilómetros de San Petersburgo por expreso deseo de la emperatriz Elisabeth, y allí permaneció cerca de doscientos años hasta que, en 1941, los alemanes lanzaron la Operación Barbarroja que los llevó hasta las puertas de Leningrado, la antigua San Petersburgo que, a pesar de ofrecer una tenaz resistencia a los ejércitos de la Wehrmacht, no pudo evitar el expolio del Salón de Ámbar, que los nazis reclamaban como suyo por sus orígenes prusianos.

Desde allí lo trasladaron hasta la ciudad de Königsberg, capital de la Prusia Oriental, donde permaneció hasta el final de la guerra, cuando su pista se pierde definitivamente. Pocos días antes de la capitulación alemana, un joven oficial del Ejército Rojo, de tan solo diecinueve años de edad, pudo ver con sus propios ojos cómo el Salón de Ámbar continuaba expuesto en los sótanos del castillo de Königsberg; pero, según la versión oficial, este fue rápidamente destruido después del terrible bombardeo aliado que provocó la práctica desintegración del renombrado salón. A pesar de todo, son muchas las dudas acerca de la desaparición de este inigualable tesoro, ya que, entre otras cosas, la propia estructura del castillo alemán nos invita a pensar en la posibilidad de que el Salón de Ámbar sobreviviese al bombardeo. Por otra parte, las técnicas constructivas de esta habitación, con una serie de planchas de ámbar fijadas en sus paredes, permitía un rápido traslado de estas a otros lugares para, así, evitar que cayeran en manos de los soviéticos.

Desde ese momento, las hipótesis sobre el lugar donde se escondieron los restos del Salón de Ámbar no han hecho más que multiplicarse. Una de las más curiosas es la que defiende la posibilidad de que esos cuatrocientos kilos de ámbar fuesen embarcados en un submarino alemán y trasportados a algún lugar desconocido de la Alemania Oriental e incluso a Dinamarca, que por aquel entonces aún permanecía en manos de los nazis.

Tal vez los bombardeos aliados sobre la ciudad de Königsberg lograran destruir en parte las planchas de ámbar que se encontraban escondidas en el sótano del castillo, por lo que, después del conflicto, el Salón de Ámbar quedó fragmentado

Salón de Ámbar en 1931. Aunque esta lujosa habitación terminó
desapareciendo durante la Segunda Guerra Mundial, en 2003, el
presidente de Rusia, Vladimir Putin, y el de Alemania, Gerhard Schröder,
inauguraron una réplica para conmemorar el tricentésimo aniversario de la
ciudad de San Petersburgo.

y expuesto a una comercialización por parte de ricos inversores
que quisieron hacerse con un trozo de la historia. En este sentido, en 1997, un jubilado de Bremen sorprendió a la opinión pú-
blica al afirmar que él tenía un fragmento del salón y que estaba
dispuesto a venderlo. El escándalo fue enorme, lo que provocó la
actuación de las autoridades alemanas que decidieron incautar-
se del material y someterlo a un riguroso estudio para demostrar

su veracidad. Para asombro de todo el mundo, los científicos alemanes llegaron a la conclusión de que este era auténtico, pero lo que no se supo fue el destino que tuvo el resto del salón después de 1945.

En los últimos años también se ha planteado la posibilidad de que se halle en un pequeño pueblo de Texas, después de que en 1970 apareciese escondido un importante tesoro nazi llevado hasta este lejano lugar por los soldados norteamericanos, una vez terminado el conflicto.

Como dijimos anteriormente, todos los indicios nos llevan a pensar que el castillo de Königsberg sobrevivió al bombardeo, y que, por lo tanto, los alemanes tuvieron tiempo de esconder su tesoro antes de la caída de la ciudad. La pregunta es dónde. Algunos autores piensan que, si tenemos en cuenta la forma en que actuaron los nazis en casos similares, el Salón de Ámbar debería hallarse en alguna mina o galería subterránea, como ocurrió con la práctica totalidad de sus tesoros y obras de arte. Ese es el motivo por el que la mayor parte de ellos han apostado por la hipótesis de que el Salón de Ámbar se ubique en alguna de las muchas minas abandonadas que se encontraban en la Prusia Oriental. Una variante de esta teoría asegura que el tesoro se hallaría enterrado en una mina de sal que estalló en el mismo momento en que unos investigadores iban a iniciar su búsqueda.

Finalmente, Peter Haustein, un diputado alemán que durante años estuvo buscando su paradero, logró encontrar unos documentos de un antiguo oficial de la Luftwaffe que informaban de la ubicación de este en una mina subterránea situada en Deutschnedorf, cerca de la frontera checa, donde se encontraría junto a una gran cantidad de obras y valiosas joyas. Pronto empezó a extenderse el rumor sobre la existencia de una serie de trampas y bombas que habrían preparado los nazis para evitar que el misterio fuese fácilmente desvelado. Y no sólo eso, la existencia de esta cámara estaría relacionada con una vieja leyenda que haría de su búsqueda algo más interesante.

Se cuenta que el rey de Prusia, antes de enviar este magnífico regalo al zar ruso, situó en el salón un auténtica reliquia: una especie de globo de oro que emitía una luz dorada y que, como buen objeto de poder, era capaz de identificar cualquier tipo de amenaza para sus dueños. Lo más sorprendente es que esta luz cambiaba de intensidad dependiendo del nivel de la amenaza que se cernía sobre su poseedor, tanto es así que, unos días antes del ataque de los nazis, este brillo adquirió un tono rojo carmesí. Indudablemente, los poderes de estos objetos tuvieron que llamar la atención de los alemanes, especialmente de Himmler, que desde entonces no descansó hasta poseerla.

Al margen de estas fantásticas y alucinantes historias, lo único cierto es que esta enorme cantidad de ámbar sigue sin aparecer, por lo que cualquier idea sobre su ubicación es digna de tenerse en cuenta; aunque lo más probable es que, a día de hoy, permanezca fragmentada, tal vez en miles de piezas, y en manos de gente que, en su mayoría, ni siquiera podrían imaginar un origen tan maravilloso.

EL TESORO DEL GENERAL YAMASHITA

El principal aliado que tuvieron los nazis en su intento de conquistar el mundo, habida cuenta de los desastres y de la incompetencia que demostraron los fascistas italianos durante todo el conflicto, fue Japón, el Imperio del Sol Naciente. Al igual que sucedió en Europa, los japoneses establecieron un régimen de terror, que poco tuvo que envidiar al impuesto por los nazis, sobre sus territorios conquistados. Imbuidos de una ideología nacionalista extrema, pronto se vieron en la necesidad de conquistar un gran imperio para poder codearse con las grandes naciones europeas, que en esos momentos se desangraban en los interminables campos de batalla que salpicaban el viejo continente. En esta parte del mundo también surgieron historias sobre auténticos tesoros que podían haber sido ocultados por los japoneses poco antes de su rendición en septiembre de 1945. Y el más importante tuvo que ser el del general Tomoyuki Yamashita, el Tigre de Malasia. Para poder comprender este relato, que muchos han considerado una mera leyenda urbana, tenemos que retroceder en el tiempo,

El prestigioso general japonés Yamashita no sólo destacó por haber sido el responsable de la ocultación de uno de los mayores tesoros que esperan ser descubiertos, sino por sus victorias militares y la conquista de las colonias británicas en el lejano Oriente, por lo que se ganó el apodo de Tigre de Malasia.

más concretamente al año 1895, cuando Japón inicia su proceso de expansión territorial en el sudeste asiático.

Desde este momento, los japoneses se extenderán por la península de Corea, por Manchuria y, más tarde, por Filipinas y Malasia, llegando a vencer en 1905 al gigante ruso, algo que ponía en evidencia las carencias y la crisis de los antiguos imperios europeos y que unos años atrás quedó patente cuando, en 1898, los Estados Unidos, además de Filipinas, arrebataron Cuba al decadente Imperio español, de forma vil y traicionera, uno de sus más queridos territorios, que por aquel entonces era considerado una parte más de la metrópoli, lo que sumió al país europeo en una profunda depresión de la que aún no se ha recuperado.

En todos los países ocupados por el Imperio del Sol Nacien-te se llevó a cabo un expolio sistemático no sólo de sus materias primas, sino también de todas las riquezas posibles, especialmen-te las obras de arte, las joyas y el oro. A tal extremo llegó el pillaje que incluso se institucionalizó, porque inmediatamente se creó una organización, el Lirio Dorado, dirigida desde la propia casa imperial, para administrar todas las riquezas que en gran nú-mero empezaron a llegar a Japón, y que fueron utilizadas por el Estado y el mismo ejército para financiar las numerosas campa-ñas militares en las que participaba el joven Imperio. Su activi-dad se multiplicó desde el mismo momento en el que el Imperio del Sol Naciente decidió participar en la Segunda Guerra Mun-dial. Desde entonces, miles de toneladas de oro y piedras pre-ciosas fueron cayendo en manos de los japoneses después de la conquista de Filipinas, Birmania, Malasia, Singapur, Indonesia, Vietnam, Laos, Camboya o Tailandia; casi todo este oro siguió teniendo una función muy específica: sufragar los enormes gas-tos provocados por el inicio de la guerra y su enfrentamiento con la todopoderosa marina de guerra estadounidense.

A pesar de los éxitos iniciales, los japoneses nada pudieron hacer para doblegar a los Estados Unidos, que poco a poco, y aprovechando su indiscutible hegemonía industrial y económica, lograron arrinconar a los orientales, de tal forma que, en 1943, su flota logró interrumpir la navegación entre Filipinas y Japón, lo que obligó a estos últimos a esconder un enorme botín que por aquel entonces tenían en sus manos, pero que les resultaba impo-sible trasladar a su patria. El territorio escogido para esconder to-das estar riquezas fue Filipinas, a cuyo frente estuvo desde 1944 el general Yamashita, un extraño y violento personaje que a partir de ese momento se relacionará con un gran tesoro. Se sabe que, a partir de entonces, los japoneses empezaron a excavar túneles y cá-maras bajo la antigua ciudadela de Manila. Y no sólo eso. Se cal-cula que los japoneses escondieron ese enorme botín, valorado en unos mil millones de dólares, en numerosos escondites situados en algunas de las siete mil islas que conforman el archipiélago.

Al norte de Manila, en una meseta cercana a Luzón, amplia-ron una serie de cuevas naturales para poder esconder un tesoro formado por lingotes de oro, diamantes, esmeraldas y rubíes. Por aquel entonces, el final de la guerra y la derrota del Japón se antojaban cercanos, por eso Yamashita ordenó multiplicar los esfuerzos e hizo llamar a miles de trabajadores convertidos en mano de obra esclava para que acelerasen las obras antes de que los americanos desembarcasen en la antigua colonia española. El general japonés sabía que no podía quedar rastro alguno de esta colosal obra de ingeniería, por eso ordenó enterrar en vida a todos estos esclavos, junto con algunos prisioneros de guerra occidentales e incluso con todos los técnicos e ingenieros japoneses que habían participado en la excavación.

En el plano militar, el general japonés logró derrotar repetidas veces a MacArthur, lo que provocó las iras del comandante en jefe del ejército americano, que no desaprovechó su oportunidad para vengarse una vez terminado el conflicto. Este sólo se produjo después de la derrota incondicional de los japoneses, tras el infame ataque nuclear sobre las poblaciones de Hiroshima y Nagasaki. Después de rendir sus tropas, Yamashita fue sometido a un juicio en que se le acusó de crímenes de guerra, especialmente durante la batalla de Manila, que provocó la escalofriante cifra de cien mil muertos. El juicio avanzó con inusitada rapidez, tal vez como consecuencia del interés de MacArthur por ver satisfecha su sed de venganza, por lo que finalmente el general japonés fue declarado culpable y ahorcado de una de las ramas de un árbol cercano a la ciudad filipina de Madrid. A partir de ese momento, el recuerdo sobre la posible existencia de ese tesoro al que hacíamos referencia se empezó a diluir tanto entre las brumas de la historia que muchos lo consideraron una simple invención. No obstante, algunos episodios relacionados con este extraño hecho parecen indicar que tras este relato existe una historia verdadera.

El primero de ellos es el interés del dictador filipino Ferdinand Marcos, que desde el primer momento contó con la ayuda de los Estados Unidos para hacerse con una parte del tesoro y sufragar, así, su guerra contra las partidas comunistas que amenazaban con hacerse con el poder, en un episodio más de la Guerra Fría que enfrentó a la URSS y los Estados Unidos tras la Segunda Guerra Mundial.

Otro de los elementos que nos invitan a pensar en la posible existencia de este enorme botín es el testimonio de varios testigos que darían fe de la ocultación de varios miles de lingotes de oro en una serie de escondrijos que se repartirían por el inabarcable archipiélago filipino. No nos debe extrañar que, a partir de 1960, una serie de buscadores de fortunas empezasen a llegar al país asiático para probar suerte; de hecho, en 1970, el famoso cazatesoros Rogelio Roxas afirmó haber descubierto en Baguio una espectacular escultura de un buda de oro macizo de tres pies de alzada. Se dio la curiosa circunstancia de que este lugar, considerado como la capital turística filipina, fue el mismo que utilizó Yamashita para refugiarse después de la caída de Manila y, por lo tanto, el lugar más apropiado para esconder todas las riquezas que aún custodiaba y que no pudo trasladar hasta Japón.

No quedó así la historia, ya que, como dijimos, el general japonés no cometió la imprudencia de esconder todo su tesoro en un solo lugar, sino en varios, y los más prudentes apuntan la existencia de al menos ciento cincuenta escondites de los que no se dejó información alguna para evitar que pudieran encontrarse. Curiosamente, en noviembre de 2002, una persona murió en la isla de Cebú mientras excavaba un túnel en busca de su posible tesoro. Pero esto no desanimó a toda una pléyade de aventureros que comenzaron a rastrear y a internarse en la gran red de cavidades subterráneas que los japoneses habían excavado en las islas para reforzar las defensas de su colonia. Para su desesperación, la mayor parte de ellos, cegados por el anhelo de descubrir deslumbrantes riquezas al final de estos túneles, no hallaron más que unas cuantas cajas de municiones, a veces acompañadas de unos esqueletos descompuestos que reflejaban el horror vivido en aquellos lejanos y malditos días.

En la actualidad son pocos los que dudan de la existencia del tesoro de Yamashita. Uno de los lugares donde se están centrando la mayor parte de las investigaciones es Bacuit Bay, una hermosa isla filipina en la que, según la tradición, el general japonés escondió una enorme riqueza que aún no ha podido ser hallada.

OTTO RAHN EN BUSCA DEL SANTO GRIAL

El 23 de octubre del año 1940, poco después de que los nazis conquistasen Francia y en el momento de máximo esplendor del terrorífico régimen nacionalsocialista, el Reichsführer, Heinrich Himmler, llegó a Barcelona en una extraña y hasta cierto punto inexplicable expedición, cuyo objetivo era extraer información sobre los misterios que rodeaban la montaña sagrada de Montserrat. Acompañado por un enorme séquito de veinticinco altos mandos de las SS, los recién llegados no tuvieron un recibimiento amistoso, debido fundamentalmente al más que evidente anticatolicismo del que hacían gala los gerifaltes nazis. Los dos abades del monasterio se negaron tajantemente a recibir a este pagano personaje, por lo que le encargaron el trabajo sucio al padre Ripoll.

Cuando la comitiva se dirigía al interior de la basílica de Montserrat, el Reichsführer dejó atónito a los padres del monasterio, cuando dijo que bajo ningún concepto iba a perder el tiempo visitando el santuario, y más aún cuando le dijeron que era costumbre obligatoria, entre los visitantes del lugar, besar los pies de la Virgen, que para colmo era negra. A él lo que más le interesaba era la posible relación que tenía este enclave con el movimiento cátaro, y especialmente seguir la pista del Grial, pero también descubrir el secreto que se encerraba bajo esta montaña, que como sabemos está horadada por innumerables cuevas y simas, algunas tan profundas e inaccesibles que, a día de hoy, permanecen ocultas.

Pero el padre Ripoll no era un hombre que se dejase amedrentar, por lo que no tuvo ningún inconveniente en despachar al nazi y a sus veinticinco matones de las SS, reafirmándose en la prohibición de penetrar en las cuevas que recorrían el interior de la montaña. Ofendido, Himmler, abandonó el monasterio con cara de pocos amigos, y se dirigió al Hotel Ritz de Barcelona en donde lo peor aún estaba por llegar. Según se dice, durante la noche desapareció el maletín negro del Reichsführer, y a pesar de que se dijo que en su interior se hallaban unos planos secretos del interior de Montserrat o unos libros escritos por Otto

Rahn, lo cierto es que, de ser cierta esta historia, el robo del maletín tuvo que ser obra del servicio de inteligencia británico que, por aquel entonces, tenía una fuerte implantación en la ciudad de Barcelona.

Hoy no tenemos dudas sobre cuál fue el fin último de Himmler cuando visitó la ciudad de Barcelona. No debemos olvidar la obsesión de este individuo de establecer una nueva religión y por ello su deseo de hacerse con unos objetos sagrados cuyo poder le podían otorgar la victoria final a los nazis, en esa partida en la que se estaba dirimiendo el destino de Europa y el mundo.

Todo empezó unos años atrás, cuando el arqueólogo y aventurero alemán, Otto Rahn, al que ya hemos hechos referencia, inició una apasionante búsqueda de uno de los objetos de poder más codiciados de todos los tiempos. Nacido en el año 1904, en la localidad alemana de Michelstad, procedía de una familia luterana con suficientes recursos económicos, para que su hijo recibiese una buena formación académica. En 1922 terminó sus estudios de música e inició los de derecho, pero su pasión siguió siendo el estudio de las religiones y de la historia medieval alemana.

Lo que más le obsesionó fue la leyenda del Grial y su relación con la historia del catarismo, por eso continuó formándose en distintas universidades alemanes, y después de muchos años logró especializarse en Filología e Historia Medieval. Su sueño estaba cada vez más cerca, y por eso inició sus trabajos de doctorado, en los que trató de demostrar la relación existente entre la herejía albigense y el ciclo de la búsqueda del Grial desarrollado en la obra de unos autores contemporáneos a los cátaros: Chrètien de Troyes, Robert de Boron y, especialmente, Wolfram von Eschenbach.

Sus descubrimientos fueron asombrosos, tanto que no tardaron en llamar la atención de Heinrich Himmler y sus acólitos. Tras una lectura atenta del *Parzival* de Von Eschenbach, llegó a la conclusión de que este antiguo relato caballeresco reflejaba auténticos hechos históricos. Logró descubrir que algunos de los pasajes del libro se correspondían con acontecimientos históricos muy concretos. De esta manera, el personaje de Kyot de Provenza, se correspondería con la identidad real de Gyot de

Provius, que habría sido el que le comunicó a Von Eschenbach la historia del Grial.

Por este motivo, con tal solo veintisiete años, marchó en 1929 hacia el país de los cátaros, y más concretamente hasta la imponente fortaleza de Montségur, el castillo en donde al parecer estuvo albergada la famosa reliquia, tal y como reflejó el poeta alemán en su *Parzival*. Allí pasó mucho tiempo intentando extraer información e interrogando a las gentes de esta bella región francesa, pero además realizó numerosas investigaciones en las cuevas y grutas del lugar, sin olvidarse de escudriñar los archivos y bibliotecas de las principales universidades francesas.

Rahn estaba totalmente convencido de que el famoso tesoro cátaro no era otro más que el Grial, y que este debía de esconderse en el interior de alguno de los pasadizos secretos que se internaban bajo los muros de Montségur, o bien en alguna de las muchas cuevas que se encontraban a su alrededor. Estudiando los interrogatorios inquisitoriales realizados después de la cruzada contra los cátaros, pudo descubrir cómo cuatro hombres lograron escapar de la fortaleza de Montségur, en la última noche de sitio al que se vio sometido este imponente lugar. Según estos testimonios, tuvieron que transportar un valioso pero desconocido tesoro. Algunos consideraron que podría tratarse de un tesoro material, formado por oro y plata, mientras que otros prefieren hablar de antiguos documentos secretos y objetos de culto con un alto valor espiritual. Otto Rahn no tuvo ninguna duda. Lo que realmente se llevaron consigo los cuatro perfectos cátaros fue el Grial, para más tarde entregárselo al señor del castillo de Verdun, en el Sabarthés, Pons Arnold.

Esta sospecha recibió su confirmación, por lo menos desde su punto de vista, cuando un viejo pastor de la zona le contó una antigua e increíble leyenda sobre el Grial y el lugar en donde quedó oculto.

Recordando viejas tradiciones, el pastor le contó al alemán una leyenda que hablaba del momento en el que los últimos cátaros escondieron el Santo Grial a los pies del castillo de Montségur, cuando aún se mantenía en pie tras el largo asedio al que fue sometido el enclave por parte de los cruzados durante el año

1243. Los *hombres puros* poco pudieron hacer para tratar de rechazar a los que ellos consideraban las huestes de Lucifer, que habían llegado hasta el sur de Francia para capturar un grial que ellos consideraban como la esmeralda que se le había caído a Lucifer de su diadema cuando fue expulsado del paraíso.

Fue en estas adversas circunstancias cuando se obró el milagro, ya que una paloma blanca descendió del cielo y abrió en dos el monte Tabor, sobre el que reposaba el castillo cátaro, momento que supo aprovechar Esclaramonde de Foix para arrojar la reliquia en el interior de la montaña, antes de que esta se cerrase para esconder, definitivamente, el Santo Grial y evitar que cayese en manos de sus enemigos.

Rahn supuso que tras esta leyenda debía de esconderse, nuevamente, el recuerdo de un hecho histórico, que para él estaba fuera de toda duda: el ocultamiento del Grial en el interior del monte Tabor antes de que el castillo se rindiese el 16 de marzo de 1244. Esta suposición le animó para seguir trabajando, y para ello contó con la ayuda de prestigiosos arqueólogos franceses, como Antonin Gadal, que estaba convencido de que la reliquia se encontraba en alguna zona desconocida de las cuevas del Sabarthés, y más concretamente en la gruta de L'Hermitte y en la cuevas de Ornolac, Fontanet y Lombrives, en donde existían innumerables túneles, pasadizos y escondrijos aún por descubrir, y que habían sido utilizados, muchos años antes, por los últimos cátaros que se refugiaron en ellas durante el siglo XIV.

Trabajo no les faltó porque, al parecer, no fue uno el grial que anduvo buscando Otto Rahn, sino dos. El primero de ellos fue la copa con la que Jesús ofició la misa durante la última cena y que más tarde fue custodiada por José de Arimatea tras la crucifixión. La otra fue esa esmeralda caída de la frente de Lucifer de la que ya hemos hablado. Lo realmente curioso es que ambos se encontrarían ocultos en la zona del Languedoc francés y habrían sido escondidos en dos castillos distintos.

El primero de ellos, el que menos les interesaba, estaría oculto, no se sabe muy bien por qué, en la fortaleza de un pequeño pueblo llamado Montreal-de-Sos, en una cueva situada bajo este edificio en ruinas, en donde se podía observar un grabado en piedra que mostraba símbolos griálicos, junto a una copa y una lanza, en clara relación con la que utilizó Longinos para dar muerte a Jesús en el Gólgota.

Pero, como dije, ambos investigadores se interesaron por el grial pagano, y en esta ocasión decidieron estudiar la obra de Wolfram von Eschenbach para tratar de encontrar algún tipo de pista sobre el lugar en donde tuvo que encontrar cobijo. En el *Parzival* se menciona una cueva llamada Fontene la Salvasche, en donde un eremita inició al héroe en los secretos del grial. Tras adquirir dichos conocimientos, Parzival marchó hacia una cueva cercana en donde descubrió un cofre situado en el centro de un misterioso altar. Lo más curioso de todo es que nuestros investigadores lograron descubrir una cueva en el Sabarthés que desde el siglo XII se conocía con el nombre de Fontanet, lo que nos recuerda a la Fontene de Von Eschenbach, y a pocos metros de ella, otra llamada, del Eremita, en donde seguía existiendo un altar en donde la tradición aseguraba que en su día estuvo la Piedra de Luz.

La expedición pronto llegó a su fin, y Otto Rahn se vio obligado a volver a su patria, en donde logró contactar con algunos de los dirigentes nazis que formaban parte de la sociedad ultranacionalista Thule, entre ellos Heinrich Himmler y Alfred Rosenberg, que le convencieron para que se alistase en las SS, para más tarde ocuparse del departamento de ocultismo de la Ahneberbe. Desde esta posición de privilegio, organizó una nueva expedición hacia el sur de Francia, en donde sorprendentemente sólo permaneció unos cuantos días, quizás tentados por la idea de volver pocos años más tarde, una vez que Francia hubiese sido conquistada.

La historiografía oficial nos ha contado que el arqueólogo alemán nunca consiguió recuperar la reliquia, ya que el 13 de marzo de 1939, tal vez arrepentido por su decisión de ingresar en la temible orden negra de las SS, decidió quitarse la vida practicando la endura, un ritual cátaro que implicaba el suicidio del creyente, pero no sin antes dejar por escrito en su obra *La Corte de Lucifer,* que reconocía públicamente no haber logrado encontrar el tesoro de los herejes albigenses.

A día de hoy, existen cada vez más sospechas sobre la muerte de Otto Rahn, tantas que la revista alemana *Die Welt* llegó a publicar en mayo de 1979 una noticia que causó sorpresa. Según esta versión, el aventurero logró sobrevivir e incluso llegó a trabajar para los servicios secretos alemanes, formando parte de la Triple Alianza de la Luz, una organización esotérica con extensiones por diversos países europeos, pero que también fue utilizada por los servicios de espionaje alemanes. Tras la falsa publicación de una nota en la que se informaba de su muerte, este insólito personaje se haría una operación de cirugía facial y posteriormente pasó a llamarse Rudolf Rahn, nombre con el que seguiría buscando las huellas del grial por el sur de Francia.

La realidad, creemos, fue bien distinta, ya que lo más lógico es que este personaje fuese asesinado por orden de Himmler cuando presentó su dimisión a los cabecillas de las temidas SS, algo que supuso su sentencia de muerte, para llevarse a la tumba todos los conocimientos que tenía sobre este cautivador misterio.

Bibliografía

ABELLA, Rafael. *Los halcones del mar. La gran aventura de la piratería.* Barcelona: Ediciones Martínez Roca, 1998.

ACHEBERT, Jean Michel. *Los místicos del sol.* Barcelona: Editorial Plaza y Janés, 1972.

ARROYO DURÁN, Fernando. *Codex Templi, los misterios templarios a la luz de la historia y de la tradición.* Madrid: Aguilar, 2005.

CASTELLANOS, Juan de. *Elegías de varones ilustres de Indias.* Madrid, 1847.

CEBRIÁN, Juan Antonio. *La aventura de los godos.* Madrid: La Esfera de los Libros, 2002.

DÍAZ DEL CASTILLO, Bernal. *Historia verdadera de la conquista de la Nueva España.* Madrid, 1632.

ECO, Umberto. *Historia de las tierras y los lugares legendarios.* Barcelona: Lumen, 2013.

Eslava Galán, Juan. *Los templarios y otros enigmas medievales.* Barcelona: Editorial Planeta, 2010.

Fernández de Oviedo y Valdés, Gonzalo. *Historia general y natural de las Indias, islas y tierra firme del mar océano.* Madrid: Real Academia de la Historia, 1855.

García Blanco, Javier. *Templarios en España.* Madrid: Editorial Américo Ibérica, 2012.

Garcilaso de la Vega, Inca. *Comentarios reales de los incas.* Lisboa, 1609.

Gregorio González, José. *Enigmas del cristianismo.* Madrid: Ediciones Nowtilus, 2006.

Guénon, René. *Esoterismo cristiano: Dante. El Grial. Los templarios.* Barcelona: Obelisco, 1990.

Guijarro Tirado, Josep. *El tesoro oculto de los templarios.* Barcelona: Martínez Roca, 2001.

Hancock, Graham. *Las huellas de los dioses.* Barcelona: Ediciones B, 1998.

Herradón, Óscar. *La orden negra. El ejército pagano del Tercer Reich.* Madrid: Edaf, 2011.

Josefo, Flavio. *La guerra de los judíos.* Libros I-III. (Nieto Ibáñez, Jesús M., introd., trad. y notas). Madrid: Editorial Gredos, 1997.

Jordanes. *Origen y gestas de los godos.* (Sánchez Martín, José María, ed. y trad.). Madrid: Cátedra, 2001.

Kupchik, Christian. *La leyenda de El Dorado y otros mitos del descubrimiento de América.* Madrid: Ediciones Nowtilus, 2008.

Lamy, Michel. *La otra historia de los templarios.* Barcelona: Martínez Roca, 1999.

LESTA, José. *El enigma nazi, el secreto esotérico del III Reich.* Madrid: Editorial Edaf, 2010.

MARTÍNEZ-PINNA, Javier. *El nombre de Dios. El enigma de la Mesa de Salomón.* Madrid: Ediciones Nowtilus, 2014.

MIGUENS, Silvia. *Breve historia de los piratas.* Madrid: Ediciones Nowtilus, 2010.

RODRÍGUEZ FREYLE, Juan. *El carnero.* Bogotá: Ediciones Pizano i Pérez, 1859.

SÁNCHEZ DRAGÓ, Fernando. *Gárgoris y Habidis. Una historia mágica de España.* Barcelona: Editorial Planeta, 1992.

SÁNCHEZ SORONDO, Gabriel. *Historia oculta de la conquista de América.* Madrid: Ediciones Nowtilus, 2009.

SIERRA, Javier. *En busca de la Edad de Oro. Los tesoros ocultos de las civilizaciones perdidas.* Barcelona: Editorial Grijalbo, 2000.

SIMÓN, Pedro. *Noticias historiales de las conquistas de tierra firme en las Indias Occidentales.* Cuenca, 1627.

VON HUMBOLDT, Alexander. *Views of Nature.* Londres: Henry G. Bohn, 1850.

WOODARD, Colin. *La república de los piratas. La verdadera historia de los piratas del Caribe.* Barcelona: Editorial Crítica, 2008.

ZÁRATE, Agustín de. *Historia del descubrimiento y conquista de las provincias del Perú.* Sevilla, 1557.

Agradecimientos

En primer lugar, quiero agradecer la elaboración de este libro a Isabel López-Ayllón Martínez, por toda su paciencia y por los consejos que me regaló cuando me embarqué en esta emocionante aventura.

A Raquel Jiménez y Raúl Calvo por introducirme en un mundo apasionante y totalmente desconocido para mí, y del que tanto me queda por aprender.

También quiero resaltar la ayuda de todos aquellos que me han brindado su apoyo para introducirme en este inquietante mundo de la investigación de los principales enigmas del pasado. Entre ellos quiero destacar a Mariano Fernández Urresti, Tomé Martínez Rodríguez, Lorenzo Fernández Bueno, Jesús Callejo y José Ignacio Carmona Sánchez. A Anselm Pi Rambla, por la información que me proporcionó a la hora de comprender la posible ubicación del Tesoro Sagrado de los Incas y a Laura Izquierdo, de *La Mochila de Laura,* por su maravillosa página y por los datos que me ofreció para acercarme al misterio del pueblo francés de Rennes-le-Château.

A José Luis Ferris por su apoyo desde el Instituto Juan Gil Albert y a Miguel Valor Peidro, alcalde y concejal de Cultura del Ayuntamiento de Alicante.

También quiero agradecer este libro a mis compañeros, especialmente a Blanca y Paula, por ofrecerme su ayuda en esta nueva etapa tan llena de sorpresas, y a mis alumnos y alumnas que me animaron, desde el principio, a que pusiese por escrito algunos de los relatos que compartimos en clase.

A mis amigos Miguel Ángel Toledo, David Cuadrón y Diego Peña, y a mi familia, por la ilusión con que acogieron mi trabajo.

Y nuevamente a mi mujer, Ade, por ser la luz que ilumina mi vida, y especialmente por ser la madre de mis maravillosas hijas, Sofía y Elena, el mayor regalo que la vida nos pudo dar.